CERCANO ORIENTE

ESTE ASIÁTICO

Christopher Fagg B. A.

Antigua Roma

Ilustraciones

Nigel Chamberlain, Richard Hook,
Constance y Brian Dear

Traducción

Albertina Juliot

Colección Grandes Civilizaciones
EDITORIAL SIGMAR

Contenido

Arriba: El templo de Vesta en el Foro. Centro: Mosaico de una casa romana en Sicilia, que muestra un antílope que está siendo cargado en un barco. Abajo: Los soldados de la columna de Trajano, levantada para conmemorar la victoria del emperador sobre los dacios.

TERCERA EDICION: 1990

Los antiguos romanos

Los romanos fueron un pueblo de extraordinaria mentalidad, cuyo imperio dominó el mundo occidental durante 500 años. En realidad, eran un mosaico de muchos pueblos distintos. Conquistaron a los griegos del oriente, altamente civilizados, y llevaron la civilización a las tribus celtas del norte y del oeste. Estaban unidos bajo un solo sistema legal y construyeron su imperio sobre sólidos fundamentos de orden, método, disciplina y valor.

La *Pax Romana* -la paz romana- brindó prosperidad y libertad a millones de seres.

Roma y su imperio cayeron finalmente ante la invasión de las hordas bárbaras. Pero la influencia de Roma sobrevivió aún después de los años caóticos que se sucedieron.

Cuando pasaron los tiempos de perturbación, los pueblos de Europa construyeron su nuevo orden sobre el esquema romano, el único que conocían.

Lentamente, a medida que los siglos fueron transcurriendo, aquel mundo "romano" ha llegado a convertirse en el moderno y complejo mundo que hoy conocemos.

En este libro veremos cómo los romanos fueron evolucionando a través del tiempo y de los distintos acontecimientos, comenzando como una simple tribu de pastores, en el centro de Italia, hasta culminar en la soberanía de un vasto imperio; veremos también la manera en que los jefes de Roma gobernaban su territorio y cómo vivían los romanos comunes, qué tipo de vida cotidiana llevaban y cuáles eran sus costumbres más arraigadas.

Un sacrificio romano. Este relieve circular pertenece al Arco de Constantino, en Roma, construído en el año 315 d.C. El relieve en sí, no obstante, data de mucho antes.

Las ruinas del Foro, en Roma. Este era el centro vital de la ciudad, una amplia plaza para el mercado, rodeada por templos y monumentos. En primer plano, los restos del Templo de Vesta; detrás, el Arco del emperador Septimio Severo.

Cada ciudad del imperio romano poseía sus baños públicos. Eran algo más que un simple lugar para higienizarse; constituían un centro de reunión con los amigos y para los tratos comerciales. Esta casa de baños, hermosamente decorada, está en Efeso, Turquía.

El mundo de los romanos

"Todos los caminos llevan a Roma", dice el proverbio. Roma, en la cima de su grandeza, fue realmente el centro del mundo occidental.

El imperio romano conoció su máximo esplendor durante el siglo II de la Era Cristiana, cuando reunía en su seno unos 500 millones de seres. Se extendía desde Britania en el norte hasta el desierto de Sahara en el sur; desde España en el oeste a Siria en el este. Todos sus habitantes conocían el latín, la lengua de los romanos, y todos estaban protegidos por el mismo sistema legal. Y sin embargo, este gran imperio comenzó como una pequeña ciudad-estado en el centro de Italia. ¿Quiénes eran los romanos y cómo llegó a constituírse el Imperio?

Los primeros romanos eran pobres pastores que vivían en las fértiles planicies del Lacio, en la Italia central. Su ciudad comenzó como un conjunto de simples poblados desparramados por las colinas que dominaban el río Tíber. Entre los años 700 y 600 a.C., la región fue tomada por los etruscos, un pueblo mucho más avanzado, proveniente del norte, quienes reconstruyeron las poblaciones del Lacio haciendo de ellas sólidas ciudades amuralladas. Roma se convirtió en la ciudad más importante de la región. Comenzó entonces a ser gobernada por reyes, algunos de ellos etruscos. Pero en el año 509 a.C., los nobles romanos arrojaron a su rey etrusco, a quien llamaban Tarquino el Soberbio. De allí en más, los romanos odiaron el solo nombre de "rey". Se sentían muy orgullosos de decir que Roma estaba gobernada por el Senado y el pueblo.

Durante los dos siglos siguientes, Roma creció en poderío hasta que por fin toda Italia quedó unida bajo su hegemonía. Poderosos estados extranjeros temieron que Roma pudiera intentar la conquista de un imperio más allá de Italia, de manera que la atacaron con la esperanza de detener su desarrollo. Pero Roma y sus aliados itálicos permanecieron firmes, y hasta llegaron a obtener de uno de sus enemigos extranjeros, Cartago, las islas de Sicilia, Córcega y Cerdeña y algunas regiones de España. Estos fueron los modestos comienzos del imperio más grande que haya conocido el mundo occidental.

El poder pasó en Roma a manos de un hombre, el emperador. Al principio, esto significó un gobierno fuerte y también la paz. Pero subsistía siempre el problema de saber quién tomaría el poder al morir el emperador. Por sobre todas las cosas, el emperador necesitaba el apoyo del ejército; y hubo momentos en que distintas divisiones del ejército quisieron distintos emperadores. Además, a medida que el Imperio crecía se hacía cada vez más difícil defenderlo e imposible para un hombre gobernarlo.

De manera que al fin, hubo que dividirlo. La mitad occidental -incluida Roma- cayó prontamente.

Después de la caída

Pero la influencia de Roma no murió con el Imperio. La gente de las provincias había asimilado gran cantidad de costumbres romanas. Muchos se habían convertido al cristianismo. Para ellos, Roma era todavía el centro del mundo, porque allí vivía el Papa, jefe de la Iglesia. La lengua latina derivó en otros idiomas como el francés, el español y el italiano.

Aun hoy tenemos una gran deuda con Roma. Cada vez que una persona es juzgada por un tribunal, le deberá su libertad a un sistema creado por los romanos. Muchos caminos romanos están todavía en uso. El arco y la cúpula, que hicieron posible por primera vez toda clase de construcciones, fueron diseminados a través del Imperio por los romanos. Hasta el alfabeto que usamos es el alfabeto romano. Pero la deuda más grande de todas es para aquel concepto de que pueblos de diferentes naciones puedan vivir juntos, unidos por leyes e ideales comunes.

El Arco de Tito, quien reinó brevemente desde el año 79 d.C. hasta el 81. Aún bajo los emperadores, Roma estaba todavía supuestamente gobernada por el Senado y el pueblo de Roma (Senatus Populusque Romanus), los nombres de cuyos componentes aparecen en la inscripción.

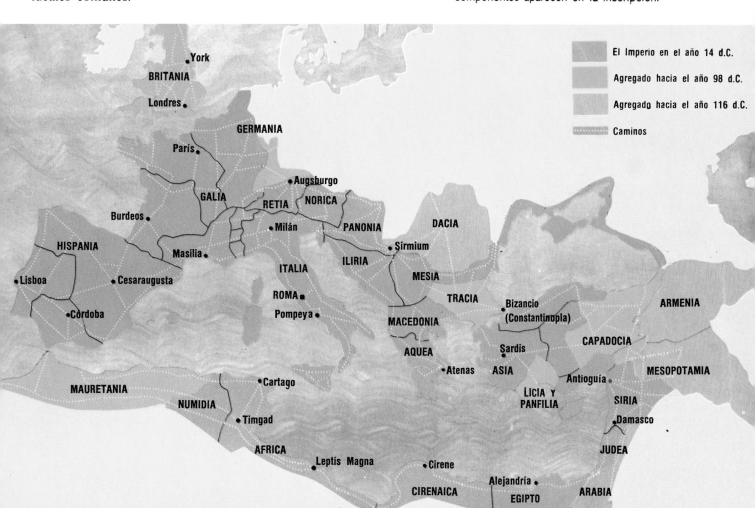

El Imperio en el año 14 d.C.

Agregado hacia el año 98 d.C.

Agregado hacia el año 116 d.C.

Caminos

York
BRITANIA
Londres
GERMANIA
París
Augsburgo
GALIA
RETIA
NORICA
Burdeos
Milán
PANONIA
DACIA
HISPANIA
Masilia
ILIRIA
Sirmium
Lisboa
ITALIA
MESIA
Cesaraugusta
ROMA
TRACIA
Córdoba
Pompeya
Bizancio
(Constantinopla)
ARMENIA
MACEDONIA
CAPADOCIA
AQUEA
Sardis
Atenas
ASIA
MESOPOTAMIA
MAURETANIA
Cartago
Antioguía
LICIA Y
PANFILIA
SIRIA
NUMIDIA
Damasco
Timgad
JUDEA
AFRICA
Leptis Magna
Cirene
Alejandría
CIRENAICA
EGIPTO
ARABIA

Los primeros tiempos

Cuando los romanos fundaron su República, ésta era sólo una entre muchas ciudades-estado. Pero en sólo tres siglos llegó a ser el estado más poderoso del Mediterráneo.

De acuerdo a los historiadores romanos, la República Romana comenzó en el año 509 a.C. Un grupo de nobles romanos -los patricios- derrocó al último rey de Roma.

Los patricios eran la cabeza de 100 familias dirigentes de Roma: su fortuna y su poder provenían de grandes propiedades que poseían fuera de la ciudad.

Los patricios no tardaron en organizar el nuevo estado. En lugar del rey, pusieron dos magistrados llamados *cónsules*. Los cónsules gobernaban el estado y dirigían los ejércitos, pero sólo disponían de poder por un año. Una vez terminado el año, se elegían nuevos cónsules. Por debajo de ellos había otros magistrados algo menos poderosos, como los dos *cuestores,* encargados de las finanzas públicas. Los magistrados eran asesorados por un consejo, el Senado.

Sólo a los patricios les estaba permitido llegar a ser magistrados o miembros del Senado.

Al principio, los patricios ignoraron los derechos de la gente común, los *plebeyos.* Más tarde, en el año 490 a.C., los plebeyos se rebelaron. Reunidos en una colina en las afueras de Roma, eligieron sus propios dirigentes, los *tribunos.*

Amenazaron con abandonar Roma y fundar su propia ciudad, a menos que los patricios les concedieran más derechos. Los patricios, necesitados de soldados plebeyos para el ejército, tuvieron que ceder y reconocer a los tribunos.

Los plebeyos habían logrado lo que querían por medio del debate y no de la guerra civil. Lentamente, fueron ganando mayor expresión de opinión dentro del gobierno. Incluso conquistaron el derecho de ingresar al Senado y convertirse en magistrados.

La mayor conquista de todas fue una ley sancionada en el año 287 d.C. Allí se decía que la Asamblea de los plebeyos, bajo los tribunos, podía sancionar leyes que rigieran sobre todo el estado.

El símbolo de Roma es la loba amamantando a Rómulo y Remo, hijos del dios Marte y una princesa humana, que fueron abandonados Cuando los niños crecieron, se aprestaron para fundar una ciudad, pero se pelearon y Remo resultó muerto. Rómulo fue el fundador de la ciudad, llamada Roma por él.

Crece el poder de Roma

Los romanos habían liquidado las discusiones entre el Senado y el pueblo en momento muy oportuno. La nueva República enfrentaba la rivalidad de las muchas otras ciudades-estado y pueblos de Italia. Durante 250 días Roma estuvo casi constantemente en guerra.

Hizo una firme alianza con las otras ciudades del Lacio contra los ataques de las fuertes tribus de las montañas, aqueos y volscos, y más tarde contra los celtas saqueadores.

Hubo guerras con los samnitas, que trataban de apoderarse de las colonias griegas de la Campania. Pero, gradualmente, los romanos concertaron alianzas con sus vecinos o los conquistaron, hasta que en el año 280 a.C., todo el centro de Italia estuvo unido bajo su hegemonía.

Los romanos tuvieron buen cuidado de no oprimir a las tribus y ciudades que gobernaban. Sabían que un régimen riguroso

Los romanos aprendieron mucho de los etruscos, quienes tenían amplio contacto con el mundo griego. Esta pintura mural, de una tumba etrusca del siglo VI a.C., muestra una animada expedición de pesca.

podía conducir a peligrosas rebeliones. A los pueblos conquistados se les ofrecieron derechos especiales a cambio del servicio militar. Las ciudades próximas obtuvieron la plena ciudadanía romana; a las más alejadas se les permitió gobernarse por sí mismas bajo la protección y la guía de la ley romana.

En las zonas donde los romanos pensaron que podría haber disturbios, establecieron colonias de bravos ex-soldados y, con el tiempo, estas colonias se convirtieron en ciudades.

El creciente poderío de Roma atrajo extraordinariamente la atención de los enemigos extranjeros.

En el año 280 a.C., un rey griego, Pirro, condujo un enorme ejército hasta el sur de Italia. Estaba seguro de que los aliados de Roma desertarían, dándole a él un nuevo gran imperio. Pero los aliados permanecieron leales y después de una larga y ardorosa lucha, Pirro se vio obligado a abandonar Italia.

Las ciudades del sur se aliaron entonces con Roma.

La siguiente amenaza provino de los mercaderes fenicios de Cartago, quienes controlaban el Mediterráneo occidental, desde las costas de Africa del Norte. Entre los años 264 y 241 a.C., libraron y perdieron una encarnizada guerra contra Roma por el dominio de Sicilia. Después, en el año 218 a.C., el general cartaginés Aníbal condujo un ejército (y un gran número de elefantes de guerra) desde España y, atravesando los Alpes, asoló Italia durante 13 años.

Pese a una terrible derrota en Cannas (216 a.C.), los romanos lucharon firmemente en España, Italia, Sicilia y Africa.

Hacia el año 202 a.C. el poder de Cartago había sido quebrado y su antiguo imperio había caído en manos de los romanos. Estos territorios conquistados fueron el fundamento del verdadero Imperio de Roma.

Poco después, Roma estaba nuevamente en guerra, esta vez en el este, donde se hablaba griego. Los poderosos gobernantes de Macedonia y Siria se unieron para amenazar a Grecia y Egipto. Los ejércitos romanos, conducidos por T. Quinto Flaminio y los hermanos Lucio Cornelio Escipión y Publio Cornelio Escipión vencieron a ambos reyes; pero los disturbios siguieron.

En el año 148 a.C., los romanos hicieron de Macedonia una provincia.

Dos años más tarde, las querellas entre los estados de Grecia indujeron a los romanos a hacer también de Grecia una provincia. Al mismo tiempo, una nueva revuelta surgida en Cartago fue sofocada y la misma Cartago destruída. Hacia el año 113 a.C., Roma dominaba el mundo del Mediterráneo.

Durante todo este tiempo, fue el Senado quien dio a Roma toda la primacía que necesitaba. Por ley, el pueblo gobernaba en Roma, pero los patricios del Senado tenían la experiencia y la capacidad de que carecía el pueblo. Los generales patricios condujeron a Roma a través de las guerras. El pueblo se sentía satisfecho dejando el estado en manos del Senado.

Izquierda: Los elefantes de guerra fueron los "tanques" del mundo antiguo. Los utilizaron tanto Pirro como Aníbal.

Arriba: La Vía Apia, construída como línea de abastecimiento para las fuerzas romanas durante las guerras Samnitas del año 312 a.C.

Un soldado de caballería samnita, de Pesto, en el sur de Italia. Los samnitas (samnii) eran una belicosa tribu itálica con la que los romanos estuvieron a menudo en guerra. Finalmente fueron conquistados en el año 290.

La vida campesina

Los nobles de la República eran hacendados. Soñaban con el momento en que podían dejar la ciudad y su preocupaciones políticas por la quietud del campo.

Los romanos no eran únicamente la gente de la ciudad. Los campesinos que vivían en las tierras circundantes también eran considerados ciudadanos romanos. Durante los primeros 400 años de la República, aun los nobles que gobernaban Roma fueron en primer lugar y sobre todas las cosas, hacendados. La vida rural fue cambiando en Italia muy lentamente. Había tres clases principales de fincas: las grandes propiedades que pertenecían a los nobles, las medianas y las pequeñas posesiones trabajadas por una sola familia rural. Próximos a los poblados o ciudades había jardines, huertas y granjas con cerdos y aves de corral.

El típico noble romano se sentía orgulloso de vivir en sus propias posesiones. Allí ocupaba una gran casa de campo llamada villa, la cual contaba con todas las instalaciones necesarias para un hacendado: cobertizos, graneros, herrerías. La mayor parte del trabajo en una propiedad de este tipo era realizada por los esclavos, pero los romanos sabían que en caso de ser necesario, un señor podía trabajar junto a sus hombres en el campo. Tenían un dicho según el cual el mejor abono para cualquier tierra era el ojo del amo. El dueño de una villa abandonaba su propiedad sólo para cumplir sus deberes públicos, tales como servir en el Senado o en el ejército. Pe-

Arriba: Los arrendatarios de un noble haciendo fila para pagar el arriendo en especies. Una canasta de huevos, un conejo o algunos pescados, eran igualmente aceptables para el señor, ubicado a la derecha.

ro cuando concluían sus obligaciones se sentía muy feliz de regresar.

Durante la última República las cosas comenzaron a cambiar. Los ciudadanos que habían hecho dinero sirviendo en el extranjero volvían con ánimo de comprar tierras con su nueva fortuna. Construyeron grandes propiedades, pagaban administradores para dirigirlas y tenían esclavos que realizaban el trabajo. Tales propietarios solían vivir en una espléndida casa en Roma y visitaban rara vez sus posesiones. A los pequeños propietarios les era muy difícil cultivar a bajo precio como lo hacían los grandes terratenientes.

Por eso, muchos campesinos abandonaron sus tierras tratando de hallar trabajo en Roma. Pero, generalmente sólo hallaban pobreza.

Mejoras en la agricultura

Los romanos se interesaron mucho en encontrar mejores medios de labranza. Los agricultores leían libros con consejos acer-

Una villa italiana en septiembre. Todo el alimento necesario para los dueños y los esclavos se cultiva aquí; se crían cerdos y pollos por su carne, y cabras por la leche.
Hay también una huerta. A la izquierda, hombres cosechando uvas para hacer vino. También se cultivaban olivos (para obtener aceite) y cereales.

ca de cómo combinar el tipo exacto de grano con el tipo exacto de suelo, o de enriquecer la tierra con abonos.

Los cultivos más importantes de Italia eran los cereales. Se cultivaba trigo para hacer pan y cebada como forraje; los autores aconsejaban a los agricultores guardar lo mejor de sus cosechas para utilizarlo como simiente el año próximo. Los campesinos experimentaban con distintos tipos de granos para saber cuál rendiría más. Al igual que los agricultores de hoy, los labriegos romanos hacían rotar los cultivos, de manera que el suelo no perdiera su riqueza. En un campo donde un año había crecido trigo, al año siguiente se cultivaban plantas tales como nabos, habas o garbanzos. Cuanto más grande era el establecimiento, mayor era la variedad de granos que podían cultivarse.

El trigo y la cebada sólo crecen en buenos suelos. Si la tierra era montañosa o pedregosa, los campesinos sembraban, en cambio, olivos (para hacer aceite) o viñedos (para hacer vino).

Casi todos los propietarios rurales poseían muchos animales: ganado vacuno, ovejas y cabras. Cerca de los pueblos y ciudades había pequeños propietarios que se ganaban muy bien la vida criando pollos o cerdos. La carne de cerdo se consideraba un verdadero manjar. Los animales más importantes para los labriegos eran los bueyes que tiraban del arado y arrastraban los carros de la granja. Para el campesino romano, eran su "tractor".

HERRAMIENTAS

Los agricultores romanos disponían de muchas herramientas diferentes para cultivar sus tierras. La primera tarea a realizar en un pedazo de tierra recién elegido, consistía en romper el duro suelo con picos, zapas y una pesada horquilla. Después se carpía la tierra con una pala de mango largo o con un arado tirado por bueyes. En terrenos áridos o en zonas escarpadas, se usaban arados livianos de madera, con cuchillas de hierro. Cuando el suelo era duro y arcilloso, se utilizaba un tipo más pesado, con una hoja adicional llamada reja. La reja fue una invención romana. Estaba montada en el frente del arado y rompía duros terrones del suelo que luego eran pasados a la hoja principal.

Antes de que el suelo estuviera en condiciones de recibir la semilla, había que arar el campo varias veces. Cuando ya estaba listo, el sembrador pasaba esparciendo las semillas que llevaba en un cesto. Tras él venía el arado para enterrar la semilla. Las semillas de cereales -trigo y cebada- se sembraban en el otoño.

Al tiempo de la cosecha, el agricultor segaba sus cultivos de cereales con una hoz.

La cosecha se llevaba a una era empedrada donde usualmente se la apisonaba por medio de caballos para separar el grano de la paja.

Una lámpara de barro, con el diseño de dos hombres apisonando uvas a fin de obtener el jugo para hacer vino.

La República cae

El ansia de opulencia del Imperio y la ceguera frente a los problemas internos, provocaron la decadencia del Senado. Estaba abierto el camino para el surgimiento de los dictadores militares.

El último siglo de la República, desde el año 133 al 30 a.C., fue un tiempo de violencia y guerras civiles. Estos disturbios fueron el resultado de una áspera lucha por el poder entre el Senado y el pueblo romano. Lo que ocurrió fue que el Senado, que en el pasado había trabajado intensamente para que Roma fuera fuerte y segura, se había vuelto muy codicioso. Los senadores enviados a gobernar las nuevas provincias, volvían dueños de enormes fortunas hechas mediante los impuestos que debían pagar los habitantes. Antes, los hombres habían servido a Roma sin ninguna intención de ganancia, pero repentinamente, la carrera política se había convertido en un pretexto para conseguir enormes riquezas.

El hombre que deseara alcanzar la cima de la política en Roma, tenía que empezar siendo elegido para el cargo de *edil* o magistrado menor. De allí en más, lo podían elegir para posiciones cada vez más importantes, hasta alcanzar el cargo más elevado: el de cónsul.

Solamente los hombres que habían sido cónsules podían ser gobernadores de una provincia y lograr así la esperada oportunidad de hacer fortuna.

Las familias ricas de Roma utilizaban su dinero y su influencia para asegurar la elección de sus hombres a los más altos cargos. Quien estuviera fuera de ese círculo sólo podía progresar en su carrera obteniendo el apoyo de un protector adinerado. A la vez, se esperaba de él que votara en la forma en que este protector le indicara.

Un hombre que quisiera ingresar a la política, tenía que gastar enormes sumas de dinero en sobornos a los votantes y en espectáculos públicos, tales como juegos y circos. Alguien tan ambicioso como Julio César tuvo que pedir millones de préstamos para pagar su carrera. Un hombre así *tenía* que llegar a la cima; era la única posibilidad de poder devolver lo que había pedido prestado.

Las clases altas de Roma estaban tan ocupadas procurando hacer su propia fortuna, que se volvieron ciegas a la situación del pueblo. Tribunos como Tiberio y Cayo Graco trataron de impulsar al Senado a conceder tierras públicas a los agricultores pobres, muchos de los cuales estaban arruinados. Pero los grandes terratenientes del Senado se opusieron; acusaron a los tribunos de tratar de derribar el estado y los hicieron ejecutar.

Los políticos romanos se dividieron en dos partidos. Los Populares respaldaban a los tribunos y el pueblo, contra el Senado; los Optimates defendían los poderes del Senado.

La era de los generales

Roma se había debilitado por la lucha intestina entre partidos, al mismo tiempo que tenía que afrontar graves peligros que venían del exterior.

Había revueltas en Africa y en oriente, en tanto en el norte, la nueva provincia de la Galia del sur estaba amenazada por las hordas bárbaras. En Italia misma, los aliados de Roma se rebelaron contra el duro trato y además se produjo una sublevación de los esclavos dirigida por un gladiador, Espartaco.

Cayo Julio César (100-44 a.C.)

MUERTE DE LA REPUBLICA

El 15 de marzo del año 44 a.C., Julio César fue apuñalado a muerte en el Foro.

Sus asesinos fueron un grupo de senadores dirigidos por Casio y Bruto.

Casi inmediatamente, Roma se sumergió en una guerra civil de 14 años. César había sido siempre muy popular, y sus asesinos, en vez de ser ensalzados como los salvadores de la República, se vieron forzados a huir. Quedó el mando bajo Marco Antonio, pero no por mucho tiempo.

En su testamento, César había dejado una fortuna a su sobrino Octavio, que ahora regresaba del extranjero. Octavio persuadió a las tropas de su tío para que se le unieran. Con su apoyo, obligó a Antonio a darle participación en el gobierno.

Poco después, Antonio se dirigió a oriente, a luchar contra los partos invasores. Durante su estadía allí, hizo una alianza con Cleopatra, reina de Egipto.

Era evidente que Antonio y Cleopatra pensaban apoderarse del imperio oriental de Roma para gobernarlo por sí mismos. Octavio acusó a Antonio de traidor y declaró la guerra a Egipto.

En el año 32 a.C., su flota se enfrentó a la de Antonio y Cleopatra en la batalla de Accio, en las costas de Grecia. Octavio salió victorioso.

En momentos tan desesperados, los romanos tuvieron la suerte de encontrar grandes generales como Mario, Sila, Pompeyo y César. El problema estuvo en que estos hombres no eran simples conductores de ejércitos. Eran políticos ambiciosos que se ocupaban más de su propia gloria que del bien de Roma. Vencieron a los enemigos de Roma y emprendieron el regreso con su ejército para exigir su ganada recompensa.

Mario y Sila estaban en bandos opuestos. Mario era un *novus homo* (hombre nuevo), un hombre que no pertenecía a las familias romanas superiores. Fue elegido cónsul seis veces con el apoyo de los Populares. Sila, por su parte, era un Optimate apoyado por el Senado. Chocaron cuando el Senado designó a Sila para conducir un ejército a oriente, para vencer al rey rebelde Mitrídates; Mario se encolerizó al no haber sido designado. Esperó a que Sila partiera y descendió a Roma con un ejército.

El y sus partidiarios iniciaron un reinado de terror, asesinando a un alto número de Optimates.

El mismo se declaró cónsul, pero murió poco después. Cuando Sila volvió de oriente encontró a Roma en manos de los Populares. Lanzó su ejército desde el sur y tomó la ciudad. Hubo una nueva ola de ejecuciones, pero esta vez les tocó sufrirlas a los Populares.

Durante tres años Sila gobernó en Roma como dictador: quebró el poder del pueblo y fortaleció el Senado. Después se retiró.

No pasó mucho tiempo antes de que Roma se viera otra vez desgarrada por la guerra civil.

El cónsul Pompeyo, un general que había vencido a Espartaco y conquistado vastas regiones nuevas en el este, devolvió al pueblo todos los poderes que le había arrebatado Sila.

Pompeyo planeó gobernar Roma con sus aliados Craso y César. Tanto Pompeyo como César se convirtieron en cónsules, aún cuando el Senado se les oponía. En el año 59 a.C., se dio a César la provincia de Galia, que estaba presionada desde el norte por los celtas y germanos.

En ocho años, César, triunfante, conquistó toda Francia.

Pompeyo comenzó a temer el poder de César. En el año 49 a.C. ordenó a César desbandar su ejército y volver a Roma. César rehusó hacerlo, y en lugar de ello invadió Italia.

En dos años derrotó a los ejércitos de Pompeyo en Grecia, Egipto, Asia y España; César era ahora dueño de Roma.

César gobernó con mano firme.

Estaba seguro de que el Senado haría lo

que él quisiera, triplicando el número de sus miembros. Los nuevos senadores eran hombres que debían su cargo a César y éste sabía que le serían leales.

Pero aún tenía enemigos. Algunos senadores temían que César tratara de hacerse rey y urdieron pacientemente un plan para asesinarlo.

A la muerte de César sucedió una guerra civil. Su segundo en el poder, Marco Antonio, dio pronta cuenta de sus asesinos. Pero las querellas no habían terminado. Entre Antonio y Octavio, el heredero de César, surgió una enconada disputa por el dominio del Imperio.

Antonio, vencido y no pudiendo soportar la derrota, se suicidó.

Los políticos de fines de la República compraban votos mediante la realización de espectáculos públicos. Arriba: Un espectáculo con fieras salvajes, diseñado en una moneda de alrededor del año 42 a.C. Leones, tigres, leopardos, elefantes, etc., se llevaban a Roma para cazarlos a muerte en el circo. Muchas veces, se condenaba a los criminales a ser despedazados por ellos para entretenimiento de los espectadores. Izquierda: Una carrera de carros en el Circo Máximo, realizada en relieve en una lámpara de barro moldeado. Cuatro cuadrigas, carros de cuatro caballos, en una carrera de postas ante el público. Abajo, izquierda: Figuritas de gladiadores, en terracota. Llevan sólidos cascos con altas cimeras; sus piernas están protegidas con canilleras.

Escena de votación, en una moneda (106 a.C.) Un hombre coloca su voto en la urna, y otro recibe su tableta para votar.

La ciudad Capital

Roma fue una ciudad de contrastes violentos. La belleza y la suciedad marchaban juntas.

La ciudad de Roma era el corazón del Imperio. Alcanzó su mayor dimensión durante los reinados de los emperadores Trajano (98-117 d.C.) y Adriano (117-138 d.C.). Estaba dividida en 14 regiones, que fueron extendiéndose a medida que los suburbios crecían. En tiempos de Trajano tenía alrededor de un millón y medio de habitantes. Solamente unos 50000 de ellos vivían en casas para una sola familia, llamada *domus;* la mayor parte de los romanos vivían hacinados en sucios edificios de hasta 8 pisos de altura.

Estas *insulae* (insulas) como las llamaban, según la palabra latina que quiere decir "isla", se levantaban en un apretado conjunto de calles angostas y oscuras. Las calles deben de haber estado resbalosas con toda clase de mugre. Todos sabian que las ínsulas eran inseguras. Pese a que la ciudad tenía leyes respecto a su altura, los propietarios solían edificar pisos de más, lo que significaba que muy a menudo las ínsulas se derrumbaban. Otro gran peligro era el fuego; los escritores de la época dicen que en Roma había por lo menos tres incendios grandes por día.

Pero no todos los edificios de Roma eran miserables. Dentro del área de las murallas de la antigua ciudad había muchos edificios públicos: el *Foro* (plaza del mercado), la cámara de senadores, los tribunales de justicia, las oficinas de gobierno y los templos. El área que circundaba el foro fue reconstruída por Trajano, que le añadió un espléndido mercado cubierto, de cuatro pisos de alto. El piso superior era un mercado de peces, con tanques de agua abastecidos por un acueducto. Superando los mercados, las oficinas y los templos, Trajano levantó una columna de 38 metros de altura. Una espiral tallada ilustrando las victorias de Trajano, la marcaba desde la punta hasta la base. La columna subsiste aún hoy, pero la estatua del emperador, que la remataba, ha sido reemplazada por una de San Pedro.

La vida en la ciudad

Las 14 regiones de Roma estaban divididas en áreas de unas pocas manzanas llamadas *vici,* administradas por funcionarios denominados *ediles.* En los vici, vivían tanto los romanos más ricos como los más pobres. Un rico podía vivir con gran lujo en la planta baja de una ínsula, en tanto que tres pisos por encima de él se hacinaba la gente pobre en pequeños cuartos sin ventanas.

Durante el día, las calles estrechas estaban llenas de mercaderes y artesanos que vendían sus mercancías en pequeñas tiendas oscuras. Por la noche, se sumían en la oscuridad más completa porque no había luz en las calles. Eran frecuentes los robos y asesinatos; durante la noche, las casas y las tiendas permanecían sólidamente cerradas. Ningún ciudadano opulento se animaba a salir sin un escuadrón de esclavos que iluminaban su camino con antorchas y lo protegían de cualquier ataque.

La noche traía también otro problema: el ruido, ya que durante las horas del día no estaba permitido el tránsito de rodados por tas cattes de la ciudad.

Los transportes pesados había que hacerlos de noche, en ruidosos carretones tirados por bueyes.

Arriba: La columna de Trajano domina todavía el Foro. Su relieve en espiral representando la victoria de Trajano, ha sido imitado por otros soberanos, como en el caso de Napoleón.

Esta construcción de dos edificios vecinos en Roma, muestra los extraordinarios contrastes de una calle romana.

A la izquierda una familia opulenta recibe visitas, mientras los esclavos preparan comida en la cocina.

En el piso superior viven varias familias pobres, a quienes no se les permite tener hornallas para cocinar por temor a un incendio.

La puerta siguiente es una taberna. El dueño y su familia viven en una estrecha vivienda sobre el comercio; puede verse su ventana, justamente bajo el arco.

Roma estaba gobernada en nombre del Senado y del pueblo *(Senatus Populusque Romanus).*

Pero bajo los emperadores, el poder del Senado fue decreciendo cada vez más hasta llegar a convertirse solamente en un instrumento para legalizar los deseos del emperador.

Los hombres elegidos por el emperador manejaban la ciudad y el Imperio. El más importante de todos era el Prefecto de la Guardia Pretoriana, comandante de la tropa personal del emperador.

Tenía el comando del ejército en Italia y podía exigir el pago de impuestos para sus pertrechos.

La ciudad tenía su propio jefe de policía, el *praefectus urbi,* que comandaba una fuerza de soldados destacados en Roma. Corrían también a su cargo los tribunales policiales. Los criminales eran juzgados sin jurado. El *praefectus urbi* era elegido entre los senadores ancianos, pero por supuesto en realidad lo designaba el emperador.

Había dos prefectos más en la ciudad, uno encargado de la lucha contra incendios y la demolición de edificios inseguros, el otro se ocupaba del abastecimiento de alimentos, de los mercados, del tránsito fluvial y de las panaderías.

Grupos de senadores especialmente designados se encargaban de otros departamentos, que incluían en especial, la provisión de agua, la reparación de edificios públicos, el sistema de desagües, las bibliotecas y los juegos públicos.

El ejercito de Roma

Las reglamentaciones del ejército romano dictaminaban que aun un campamento provisorio tenía que ser sólido y estar bien defendido. Cada soldado portaba una herramienta de trinchera para cavar fosos defensivos. La tierra removida, se utilizaba para formar un terraplén cubierto de césped, asentado con una sólida empalizada de estacas. Dentro, los soldados y sus jefes vivían en tiendas de cuero. Muchos campamentos permanentes, como éstos de Dacia, eran construídos dentro del mismo diseño cuadrangular, pero con edificaciones de madera y de piedra. Todos los campamentos contaban con lugares especiales destinados a establos, equipaje, cocinas, etc.

Edificio de piedra de una guarnición en Timgad, (Argelia), en el siglo I d.C.

La disciplina del ejército romano ganó el Imperio, y su labor en la paz contribuyó a mantenerlo.

En sus primeros tiempos, Roma estuvo defendida por soldados dedicados parcialmente a la profesión. Cada ciudadano debía aportar sus propias armas y armadura.

Los ciudadanos más ricos formaban la caballería; el resto constituían cinco clases de soldados de infantería, que iban desde los que llevaban armadura completa con espada, escudo y lanza, hasta los que no tenían armadura alguna y sólo llevaban hondas y piedras.

Este tipo de ejército funcionó muy bien durante cuatro siglos. Los soldados romanos peleaban con bravura en defensa de su país y de sus posesiones. Su respeto por las antiguas costumbres, por el orden y los deberes públicos, dio como resultado tropas estables que eran algo más que un equivalente de los ejércitos mercenarios del mundo griego.

Pero hacia el año 100 d.C., las cosas habían cambiado. El nuevo Imperio romano tenía extensas fronteras para defender. Lo que necesitaba era un ejército de soldados dedicados a su oficio, y no campesinos sin paga que, naturalmente, se sentían ansiosos de volver a sus tierras a tiempo para la cosecha.

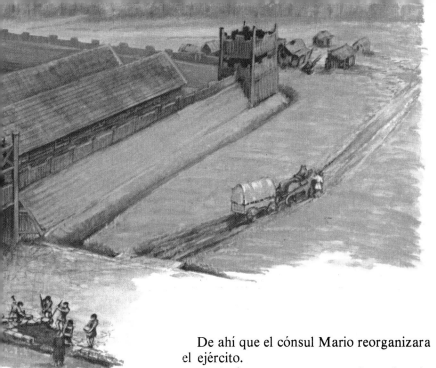

Arriba derecha: Alto relieve de la columna de Trajano, donde se ven algunas de las actividades de los soldados romanos.

El legionario romano era un soldado de infantería, muy disciplinado y altamente entrenado. Llevaba un casco de metal, hombreras, coraza y canilleras. Con el paso del tiempo, fue aumentando el número de integrantes no itálicos (hombres de las provincias) en las tropas guardianas de las fronteras.

De ahí que el cónsul Mario reorganizara el ejército.

Reclutó sus tropas entre voluntarios sin tierras y les ofreció la seguridad de una paga permanente.

Armó a todos sus soldados de infantería con un equipo igual: casco, escudo y peto, una espada corta y una lanza.

Mario entrenó a todas sus tropas mediante los métodos utilizados en las escuelas de gladiadores.

Su ejército estaba dividido en muchas legiones, casi semejantes a los regimientos modernos.

Cada legión se dividía en diez cohortes de 600 hombres y cada cohorte en seis *centurias,* esto es, unidades de 100 hombres.

Un brillante cuerpo de oficiales tenía el mando de este eficiente ejército. El cónsul era el comandante supremo. Por debajo de él, seis tribunos militares y sesenta centuriones para cada legión. Cada centurión comandaba una centuria. La disciplina era rígida. El símbolo de oficio del centurión era la vara con la que castigaba a sus soldados.

El ejército del Imperio

Pero el ejército que Mario había creado para defender la República, terminó al final por destruirla. Los hombres que luchaban para obtener su paga, eran más propensos a ser leales a los generales que les pagaban, que al propio estado. Sila, Pompeyo, Julio César y Augusto ejercían el mando debido a la lealtad de sus tropas, no porque hubieran sido elegidos para asumir el poder.

Augusto lo comprendió. Se dio cuenta de que debía formar un ejército que defendiera las fronteras, pero que permaneciera totalmente leal al estado y a su jefe. Primero licenció el vasto número de tropas que quedaba de la guerra civil. Redujo el ejército a 28 legiones, manteniendo la mayor parte de ellas en provincias, donde más se las necesitaba. Italia quedó custodiada por la Guardia Pretoriana, tropas especialmente seleccionadas bajo dos prefectos. Los prefectos recibían órdenes directamente de Augusto. Las otras legiones estaban comandadas por hombres de rango senatorial. Por debajo de ellos había centuriones mayores, los que tenían muchas posibilidades de entrar, a su retiro, al servicio civil del emperador. Lo cual significaba que estos hombres, que prestaban un prolongado servicio, debían ser leales a él.

Otra fuerza -los *auxilia*- apoyaba al ejército regular. Sus soldados eran gente no ciudadana, proveniente de las tribus locales. Con este ejército (unos 150000 regulares) y el mismo número de auxilia, Augusto llevó la *Pax Romana* -la paz romana- hasta los confines del Imperio. El ejército no era solamente una fuerza defensiva. Durante los tiempos de paz, las legiones fronterizas vivían en campamentos permanentes que pronto fueron rodeados por colonias mercantiles locales, las que más tarde se convirtieron en verdaderas poblaciones. Cuando no guerreaban, las tropas trabajaban en tareas tales como la construcción de caminos, puentes y acueductos. Todo esto contribuía a que la población local aceptara el modo de vida romano.

El primer ciudadano

Augusto está catalogado como primer emperador. Pero él prefería que lo conocieran como el "primer ciudadano".

La "Gemma Augusta", retrato de Augusto tallado en una gema. Se lo ve como un soberano ideal, a la manera griega: heroico, fuerte y sabio.

Con la muerte de Antonio, los largos años de enconada guerra civil terminaron. Prontamente se puso Octavio a la tarea de reconstruir el estado. Lo primero que hizo fue dejar de lado los poderes especiales que había mantenido durante la guerra y reimplantar las elecciones anuales.

El mismo se postuló como cónsul y resultó elegido.

Los romanos estaban agradecidos con el hombre que les había llevado la paz. Lo colmaron de honores y le dieron el título de "Augusto", que quiere decir "el reverenciado". Estaban dispuestos a concederle todo cuanto pidiera. De haberlo querido, hubiera podido ser un dictador, pero eso no entraba en la modalidad de Augusto. En lugar de ello, retrotrajo la formas de vida a las de la República. Esto lo hizo aún más popular.

Pero tuvo cuidado de mantener en sus propias manos el mando del ejército.

Había mucho por hacer. Internamente, Augusto se puso a trabajar para mejorar el sistema de gobierno. Reformó el Senado, liberándolo de senadores indignos y multando a aquellos que eran demasiado indolentes para ir a sus reuniones. Al mismo tiempo, comenzó a reorganizar el Imperio.

Su problema principal estaba en el límite norte, donde las tribus germánicas amenazaban con invadir Italia. Augusto envió a sus generales Agripa, Druso y Tiberio para hacer retroceder a las hordas. Sus generales conquistaron inmensos territorios nuevos. De esta manera, Augusto formó un anillo de provincias para defender a Italia de las tribus bárbaras. La nueva línea de frontera corría a lo largo de los ríos Rin y Danubio.

Volvió entonces Augusto a la tarea de gobernar el Imperio. Designó gobernadores a sueldo de entre las filas de senadores e hizo todo cuanto pudo para asegurar que gobernaran dignamente. Y, sobre todo, facilitó a las provincias el poder recurrir a Roma en el caso de padecer un mal gobierno.

Para tener la seguridad de que sus órdenes fueran cumplidas, Augusto tuvo que formar su propio servicio civil. Sus esclavos y libertos domésticos llevaban profusión de cartas desde y para sus cuarteles en Roma. Para acelerar el contacto con las provincias distantes, estableció un servicio postal -*el cursus publicus*-. Sus mensajeros podían recorrer hasta 80 kilómetros en un día y pasar la noche en estaciones especiales del camino.

Augusto vivía sencillamente en Roma y trataba a sus conciudadanos como a iguales. Pese a su gran poder, atendía respetuosamente los consejos del Senado y se preocupaba por acatar las leyes. Trabajó intensamente para recuperar las antiguas virtudes romanas, el respeto por los dioses, el trabajo y el deber.

Reconstruyó templos y sancionó leyes para que el pueblo observara las festividades de los dioses.

Augusto quiso hacer de Roma una ciudad digna de gobernar un Imperio. Gastó sumas enormes de su propio dinero en nuevos edificios públicos, empleando para ello los mejores arquitectos y escultores de la época. Reunió a su alrededor un grupo de artistas, escritores y poetas, incluyendo a Virgilio, cuyo extenso poema "La Eneida" glorificó la historia de Roma.

Izquierda: Miembros de la Guardia Pretoriana. Augusto formó esta tropa, seleccionada por propia mano, para constituírla en guardia personal del emperador y para controlar Italia. Más tarde, la Guardia Pretoriana se convirtió en una voz poderosa para la elección de los nuevos emperadores.

El Imperio

Las muchas y diferentes naciones que componían el Imperio estaban unidas bajo el emperador. Los emperadores fueron tan diferentes uno de otro como lo eran sus provincias entre sí.

El imperio romano fue creciendo durante muchísimo tiempo. La primera provincia ultramarina, Sicilia, fue conquistada en el año 227 a.C. Las últimas dos provincias, llamadas Dacia y Arabia se incorporaron tres siglos después, en el año 106 de la Era Cristiana.

Rara vez fueron los romanos a la guerra por el simple afán de conquista. Agrandaron su imperio, trozo a trozo, porque necesitaban tener un anillo de estados entre sus enemigos y su patria.

Macedonia y Grecia se convirtieron en un paragolpes entre Italia y los poderosos reinos del Cercano Oriente. Estos, a su vez, fueron conquistados cuando sus gobernantes provocaron excesivas perturbaciones a Roma.

En el norte, las fronteras avanzaron hacia los ríos Rin y Danubio para mantener a las tribus bárbaras lejos de los límites nórdicos de Italia.

A medida que el Imperio crecía, tuvieron que encontrar los romanos la manera de gobernar sus provincias. Durante la República, el Senado elegía magistrados (llamados al principio *pretores* y luego *cónsules*) de entre sus propias filas y los enviaba al extranjero a gobernar por un año.

Pero este sistema funcionó muy mal. Por bueno que fuera un gobernador, no podía conocer lo suficiente de su provincia en tan breve tiempo.

Por otra parte, había muchos malos gobernadores que utilizaban su año de servicio como una oportunidad para oprimir a sus habitantes sacándoles todo el dinero posible.

Augusto comprendió que esto tenía que cambiar. En las provincias bajo su mando designó gobernadores a sueldo *(legati)*. Fue el primer gobernante que tuvo un firme control sobre el régimen del Imperio. Gradualmente, el manejo del Imperio llegó a estar por completo en manos de un solo hombre: el emperador.

Las fronteras del Imperio estaban custodiadas por el ejército. De Augusto en adelante, los emperadores tuvieron mucho cuidado de mantener el ejército tan reducido y tan alejado de Roma como fuera posible. Destacaron las legiones en campamentos permanentes, ligados entre sí por una red de caminos, de manera que las fuerzas pudieran trasladarse de un lugar a otro cuando se las necesitara. A su vez, los campamentos se convirtieron en centros comerciales y a su alrededor crecieron las poblaciones.

El Imperio crece

Lentamente, la civilización romana se fue extendiendo a través de los pantanos y bosques de la Europa occidental.

El límite sur del imperio romano era el desierto de Africa del Norte. Actualmente, el desierto ha avanzado en lo que fueron antes fértiles tierras de labranza. La opulenta ciudad romana de Leptis Magna, en Libia, está hoy rodeada de áridas arenas.

El límite norte del Imperio era la frontera entre Britania y las despobladas tierras de Caledonia. La frontera fue fijada por Adriano mediante una gran muralla que se extendía entre el Golfo Solway y el río Tyne.

Nerón, tuvo que huir
de Roma.
Se interesaba más por la
música y las artes
que por gobernar
debidamente; los
romanos se alzaron contra
su crueldad.

Abajo: Cómo reorganizó
Augusto el Imperio. Las
provincias pacíficas
eran gobernadas
por el Senado; las
nuevas provincias por
el emperador. Los reinos
subordinados estaban
gobernados por sus
propios reyes,
que acataban la autoridad
de Roma.

Crecieron nuevas poblaciones y ciudades, y las tribus conquistadas aprendieron a vivir a la manera de los romanos. Las tierras sin cultivar comenzaron a producir bajo el arado.

Los ingenieros romanos desecaron pantanos, tendieron puentes sobre los ríos y construyeron amplios caminos directos. Los servidores del emperador, haciendo 80 kilómetros por día, llevaban sus órdenes a los gobernadores de provincias. En las poblaciones y ciudades de todo el Imperio, el pueblo elegía a sus propios dirigentes para que manejaran sus asuntos. Sólo aquellas cuestiones demasiado complicadas para ser resueltas localmente, eran enviadas a Roma para su solución.

De hecho, las provincias pasaron a depender cada vez menos de Roma. Las ciudades se convirtieron en importantes centros comerciales y producían también, para su propio consumo, mercaderías tales como piezas de cristal, de alfarería y herramientas que antes importaban de Italia.

Roma contaba aún con grandes ingresos provenientes de impuestos y tributos pagados por las provincias. Pero en el resto de Italia, el comercio y las recaudaciones se resintieron porque resultaba más barato importar mercaderías y alimentos del Imperio, que fabricarlas o cultivarlos en Italia misma.

Los emperadores

Hacia el final de su vida, cuando tenía todos los poderes de un emperador, Augusto era llamado todavía *princeps,* que quiere decir "primer ciudadano".

De nombre, por lo menos, Roma era todavía una República, aunque los romanos

ya se habían acostumbrado a la idea de ser gobernados por un solo hombre.

En el año 14 de la Era Cristiana, murió Augusto; su sobrino Tiberio fue el primero de una larga lista de emperadores que gobernaron en Roma durante los siguientes cuatrocientos años.

Los poderes del emperador fueron delegados en parte en algunos de los antiguos funcionarios de la República, con acuerdo del Senado.

El emperador era procónsul y tribuno vitalicio, y era también *pontifex maximus,* esto es, Pontífice Máximo de Roma. Tenía derecho a seleccionar a los hombres que fueran a ser elegidos como magistrados y a los que integrarían el Senado.

Estos derechos daban al emperador el control completo del gobierno de Roma, ya que al ocupar el Senado con sus propios partidarios, podía estar seguro de que eso bastaba para sostener su posición.

Sin embargo, el verdadero poder del emperador residía en su estricto control del ejército y también del tesoro, y en la enorme riqueza de sus propios estados en Italia y ultramar.

Egipto, por ejemplo, que producía enormes cantidades de cereales todos los años, pertenecía al propio emperador. Con tanto poder en las manos de un solo hombre, mucho era lo que dependía de las cualidades de su persona.

Algunos, como Calígula y Nerón, fueron crueles tiranos que vivían solamente procurando su propio placer.

Sus acciones provocaban temor y odio en aquellos que los rodeaban y el pueblo complotaba para matarlos.

Otros emperadores, como Claudio, (tío de Calígula), Vespasiano, Trajano y Adriano, trabajaron intensamente para dar a Roma y al Imperio, un gobierno firme y justo.

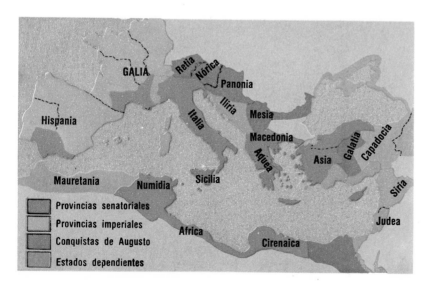

GALIA
Retia
Nórica
Panonia
Iliria
Italia
Mesia
Macedonia
Aquea
Asia
Galatia
Capadocia
Hispania
Mauretania
Numidia
Sicilia
Siria
Judea
Africa
Cirenaica

Provincias senatoriales
Provincias imperiales
Conquistas de Augusto
Estados dependientes

El punto más alto

Entre los años 69 y 180 d.C., el imperio romano alcanzó su punto más alto. Durante la mayor parte del tiempo fue gobernado por emperadores fuertes, que se preocuparon por mantener la seguridad de las fronteras.

Vespasiano dio por tierra con el lujo y el derroche en Roma. Sabiamente, designó un brillante gobernador, llamado Agrícola, para llevar la paz a la rebelde provincia de Britania.

Trajano, nacido cerca de Sevilla, en España, condujo sus ejércitos contra los bárbaros en las fronteras de Danubio. Más adelante conquistó Dacia (actualmente Rumania), antes de encabezar, en el año

114 d.C. una expedición contra los partos que lo llevó hasta el golfo Pérsico.

Sólo la edad y el cansancio de sus tropas le impidieron hacer velas rumbo a la lejana India.

Adriano, amigo y compatriota español de Trajano, atravesó el Imperio a pie. Allá donde iba, escuchaba las quejas del pueblo y hacía todo lo posible por darles satisfacción.

Marco Aurelio tuvo que entendérselas con las amenazas de frontera, desde el Adriático al Atlántico. Luchó intensamente para proteger el Imperio.

Durante el siglo III las cosas empeoraron. Los emperadores eran demasiado débiles o morían demasiado pronto para po-

Derecha: Uno de los espectáculos más magníficos para ver en Roma era el regreso triunfante de un emperador, con los prisioneros y el botín tomado en campañas exitosas. En esta escena tallada del Arco Triunfal de Tito, los soldados transportan despojos del Templo de Jerusalén, después de la represión a la revuelta judía, hecha por Tito en el año 71 d.C.
Izquierda: Esta estatua del emperador Adriano lo muestra no como un hombre modesto sino como la imagen viva del poder de Roma.
Se le ve pisando a una mujer que representa una provincia conquistada. Abajo: Parte del jardín de la villa de Adriano en Tibur (actual Tívoli).

der imprimir su sello sobre el Imperio. Se perdieron importantes provincias frente a los galos y germanos, y a los persas en oriente.

En las provincias, los ejércitos sacaron ventaja del debilitamiento de Roma. Ahora eran sólo romanos de nombre: las tropas y sus comandantes eran hombres de provincia, sin ningún vínculo personal con Roma. Un ejército tras otro proclamó a su comandante como emperador. Estos "emperadores soldados" eran todos rudos y experimentados guerreros, pero casi todos ellos hallaron una muerte violenta tras sus breves reinados.

El más grande de ellos fue Diocleciano, un general ilirio. Proclamado emperador por sus tropas en el año 284 d.C., Diocleciano emprendió la restauración del Imperio. Lo dividió en dos mitades: el este, de habla griega, y el oeste latina. El, personalmente, gobernaba el este y designó a un compatriota ilirio, Maximiano, para dirigir occidente. Entre los dos emperadores restituyeron la autoridad romana en todas las provincias.

Esclavos y ciudadanos

La vida cotidiana del pueblo de Roma era en general confortable. Pero como siempre, existían grandes diferencias entre los ricos y los pobres.

En el siglo I de la Era Cristiana, habitaban en la populosa ciudad de Roma alrededor de un millón de personas. La mayor parte eran *ciudadanos*, los cuales tenían ciertos derechos estipulados por ley. Los ciudadanos se dividían en tres órdenes o clases. La *plebe*, que eran obreros, artesanos y comerciantes. Los *equites* (a veces llamados caballeros) eran hombres de negocios y funcionarios menores. En la cima de las tres clases estaban los *nobiles*, miembros de familias pudientes que tenían algún cónsul entre sus antepasados. Los derechos de un ciudadano dependían de su clase. Pero había también mucha gente que carecía por completo de todo derecho. Eran los esclavos. Un esclavo pertenecía a su amo como si fuera una pieza de su moblaje.

Ciudadanos pobres

Los ciudadanos pobres de Roma estaban mejor, en cierto sentido, que los pobres de otras ciudades. Mensualmente el estado

Abajo, derecha: La lápida sepulcral de un ciudadano romano común, Aurelio. La esposa, cubierta con un velo, llora despidiendo a su esposo envuelto en su toga.

Abajo: Relieve proveniente de Pompeya en el que se ven artífices del cobre, trabajando. Llevan simples túnicas de obreros. Los artesanos trabajaban en sus tiendas y apilaban la mercadería terminada sobre un mostrador, frente a la calle. El dueño del comercio vivía sobre el mismo, en una sola habitación a la que se llegaba por una escalerilla de madera.

entregaba una medida de granos (maíz) a los necesitados.

Esto se hacía porque quienes ejercían el poder comprendían que un pueblo hambriento podía rebelarse. Pero aun así, los pobres llevaban una vida muy miserable. En el mejor de los casos, sus hogares eran oscuros cuartuchos en los pisos superiores de una *insulae* (casas de varios pisos). Vivían muchas personas en una sola pieza, en condiciones que nosotros llamaríamos muy precarias. No había calefacción, ni luz, ni agua corriente.

A los obreros se les pagaba por día. No había vacaciones pagas ni se pagaban los días por enfermedad. El día laborable se extendía desde el alba al ocaso, pero en el verano se hacía un largo descanso al mediodía, cuando el sol era más ardiente.

No todos los plebeyos eran pobres. Los comerciantes y artesanos estaban bastante bien. Muy escasos eran los comercios que

Izquierda: Escena de un banquete romano en Pompeya.
Un esclavo ayuda a calzarse a un invitado, en tanto otro le ofrece de beber. Por lo menos uno de los invitados parece haber bebido demasiado.
Arriba: Un piso de mosaico imitando restos de comida dejados después de un banquete: conchillas de ostras y caracoles, una pata de pollo un huesito de pechuga, carozos de aceituna. Abajo: Pluma y tintero para escribir sobre papiro.

podían fabricar, en grandes cantidades y a bajo precio, las mercaderías que necesitaba la gente, tal como lo hace una fábrica moderna. Por el contrario, todo tenía que ser fabricado por artesanos: alfareros, carpinteros, obreros del metal, del cuero y de la ropa.

Los ricos

Los ricos hacían su dinero de maneras muy diversas. Algunos eran comerciantes de ramos generales. Compraban mercaderías de otras partes de Italia o del extranjero, para venderlas en Roma. Otros eran banqueros. Algunos especulaban con propiedades, o sea que hacían dinero mediante la compra y venta de tierras y casas. Uno de estos hombres, un tal Craso, solía beneficiarse con los innumerables incendios que se producían en Roma. Corría al lugar donde había fuego y ofrecía comprar la casa en ruinas al propietario, que por lo general se hallaba tan trastornado que aceptaba cualquier precio, por bajo que fuera. De este modo, Craso adquiría valiosos terrenos, donde hacía construir buenos edificios para alquilar.

Las clases superiores, los *nobiles*, despreciaban estos métodos de hacer dinero.

Un día en la vida de un rico

Hasta los tiempos de la última República, aun los romanos opulentos llevaban una vida muy sencilla.

Se consideraba de muy mal gusto para un rico mantenerse apartado de la gente común.

LIBROS Y BIBLIOTECAS

Los romanos no tenían libros impresos: la gente utilizaba, en cambio, hábiles copistas, por lo general esclavos, para hacer copias. Aun así, había muchas librerías en Roma, y hacia el siglo IV d.C., no menos de 29 bibliotecas públicas. Un libro romano era muy distinto de un libro actual: consistía en un extraño papiro o pergamino de unos 10 m de largo, enrollado alrededor de un carretel de madera. Los hombres instruídos formaban sus propias bibliotecas. Libanius de Antioquía, maestro y escritor, encontró un valioso libro, que había sido robado de su biblioteca, en un estante del mercado de la ciudad. No todos los libros constituían inapreciables posesiones; había bibliotecas que daban libros en préstamo al público y entregaban textos escolares a los niños.

Pequeña figura en metal, de un esclavo limpiando una bota.

Las casas de los romanos opulentos estaban ricamente decoradas con pinturas murales. Esta, que muestra un jardín, proviene del palacio de Livia, esposa del emperador Augusto. Los jardines eran un tema común en estas pinturas; daban la sensación de que las sólidas paredes de las casas se habían disuelto para dejar ver árboles y flores. Después de pasar un día en medio del bullicio de la vida pública romana, esta sensación debe haber constituído un bienvenido alivio.

Gran parte del pueblo de Roma y de su Imperio eran esclavos. Muchos de ellos habían llegado a Roma tras su captura en guerras en el extranjero. Eran vendidos, y los beneficios pasaban al estado para ayudar a sostener la guerra. Una vez vendido, el esclavo se convertía en propiedad personal de su dueño. Los hijos heredaban los esclavos de su padre.

Los romanos no utilizaban a los esclavos solamente para realizar tareas pesadas y desagradables. Podían trabajar como sirvientes domésticos, permanentemente, sirviendo las comidas y cuidando a los niños. O bien podían actuar como secretarios de su amo y cuidar de sus asuntos de negocios. Algunos hombres de fortuna dirigían grandes comercios cuyo personal estaba totalmente compuesto por artesanos esclavos. Esto fue lo más aproximado a una fábrica moderna que hubieran conocido los romanos. Los grandes terratenientes confiaban en sus esclavos para trabajar en sus posesiones rurales. Muchas familias podían mantener sólo uno o dos esclavos domésticos. Pero algunos hombres de fortuna tenían cientos.

Oficialmente, la ley romana trataba muy duramente a los esclavos. Durante mucho tiempo, no existieron límites establecidos respecto a cuán opresivamente podía tratar un amo a sus esclavos. Todo lo que podía aspirar un esclavo era a tener la suerte de dar con un amo bondadoso. Hubo gente que se interesó por sus esclavos, pagándoles una educación y prestándoles dinero para iniciarse en algún negocio. Muchos esclavos podían ahorrar lo suficiente para comprar su libertad, y muchos otros fueron *manumitidos,* esto es, liberados por sus amos sin recibir pago alguno.

Se suponía que conocía el nombre de todos aquéllos, ricos o pobres, a quienes encontraba mientras caminaba por la calle o en el foro.

En tiempos posteriores, los políticos tenían esclavos especiales que les soplaban al oído los nombres de la gente que encontraban.

Un hombre rico se levantaba al alba y reunía a toda la casa para las plegarias familiares. Después, tras un ligero desayuno de pan, queso y vino, llegaba para él el momento de ver a sus *clientes,* hombres que visitaban a los ciudadanos ricos para ofrecerles sus servicios.

A cambio de ellos, esperaban favores políticos o simplemente un regalo en dinero o alimentos.

Tras esto, el ciudadano llamaba a su administrador -un esclavo- para darle sus órdenes por escrito. Podía haber asuntos que tratar respecto a su propiedad rural o simplemente indicarle que se ocupara de ellos.

Después, el ciudadano partía hacia los tribunales o el Senado, lugares ruidosos y atestados de gente. Al cabo de una larga mañana, el ciudadano se sentía feliz de poder hacer una visita a los baños en el momento más caluroso del día. Allí se reunía con sus amigos.

Se cenaba temprano, por lo general no después de las cuatro de la tarde. Los romanos solían ofrecer banquetes a sus amigos. Se consideraba un buen número unos seis o siete huéspedes. El anfitrión, su esposa y los invitados comían reclinados en elegantes divanes. Era raro que una comida se prolongara después del anochecer.

Horrendos vestigios del desastre de Pompeya: dos personas alcanzadas por la ceniza y la lava.

En las afueras de la ciudad

Arriba: Jardín reconstruído de una casa en Pompeya, con estatuas, una fuente y una galería techada. Abajo: Los ciudadanos opulentos de Pompeya tenían los muros de sus habitaciones pintados con escenas imaginativas, tal como este santuario junto al mar.

Los romanos pudientes pasaban sus vacaciones en los pueblos de veraneo de la costa. Algunas de estas poblaciones desaparecieron por un horrible desastre.

Estatua de bronce de Fauno, espíritu de las selvas y montañas. Se levanta en el patio central de una casa en ruinas, en Pompeya.

En primavera, principios del verano y otoño, los tribunales y el Senado se cerraban. En esa época, los romanos de negocios -políticos y abogados- gustaban pasar unas vacaciones lejos de Roma. Ciudades como Tusculum, Preneste y Tíbur, en las colinas que rodean Roma, eran lugares frescos y saludables donde los romanos adinerados tenían sus casas de campo.

Más al norte, en las boscosas colinas de Toscana, se ofrecía buena caza de jabalíes y ciervos. Hacia el sur, estaba Campania, la región que rodeaba la bahía de Nápoles. Aquí, durante la última República, los hombres de dinero construyeron villas costeras -casi palacios- con escalones que descendían hasta el azul mar Tirreno, muelles privados para la navegación y la pesca, y soleadas terrazas.

Las ciudades de Campania, tales como Nápoles, Pompeya y Herculano, eran tan antiguas como la misma Roma. Fueron fundadas por colonizadores griegos en el siglo VIII a.C. En el rico suelo de Campania crecían excelentes cereales, frutas, verduras y vides; en realidad, el antiguo nombre dado por los griegos a Italia fue Enotria, "Tierra de las vides". Dominando la zona se elevaba, como ahora, el gran volcán Vesubio. El 24 de agosto del año 79 d.C., el Vesubio entró en erupción, enterrando a Pompeya y Herculano bajo su espesa capa de lava y ceniza.

Cavando profundamente a través de la ceniza, los modernos arqueólogos han descubierto la animada vida de una rica ciudad mercantil, inmovilizada para siempre -las comidas sobre la mesa, los panes en el horno- así como los dejara la gente que huyó el día de la erupción. Pompeya debe de haber sido una ciudad típica de los pueblos de Campania, con sus tiendas y oficinas, y las casas construídas entre jardines con estatuas y fuentes. También había numerosas villas levantadas dentro de las murallas de la ciudad.

La principal temporada de descanso a lo largo de la costa de la Campania tenía lugar al comenzar el verano. Los autores romanos hablan de expediciones de pesca y paseos en bote, y de los placeres de probar la rica variedad de los frutos del mar. El poeta Marcial nos habla de una villa en la que se podía pescar desde la ventana del dormitorio, ¡y aún desde la cama!

Construcciones

Los hábiles ingenieros y constructores del mundo romano dejaron muchas cosas que aún hoy podemos admirar.

Los romanos fueron tan brillantes constructores, que todavía hoy se mantienen algunas de sus murallas, acueductos, puentes y edificios.

En pueblos y ciudades de Europa y Asia es aún posible ver el trazado de las poblaciones romanas originales, así como los caminos romanos son la base de muchas carreteras modernas.

El gran adelanto que llevó a cabo Roma en la construcción fue la invención del arco. Los arcos sostenían caminos y acueductos a través de los valles. Dentro de las casas los arcos permitían espacios más amplios, sin el impedimento de los pilares de sostén.

La *basílica* romana, un espacioso vestíbulo de arcos en el que la gente se reunía para sus mitines, fue un diseño que, mucho después, se utilizó en las iglesias.

Una cuadrilla romana de obreros trabajando en un acueducto. La cañería parte de la montaña y hay que sostenerla sobre altos arcos a través del valle. Un andamiaje especial en semicírculo forma los arcos. Adelante, los topógrafos controlan la parte del terreno en que va a continuar el acueducto.

Un puente romano de tres arcos, en Siria, cruzando el río Afrin. Este puente está construído en piedra; pero los romanos tenían cuidado de adaptar sus puentes a los materiales de que podían disponer localmente y al tipo de ríos que debían atravesar.

Un camino romano pavimentado, cerca de la antigua ciudad de Cartago. Los caminos romanos se construían de tal manera que, a través de los años, necesitaban muy pocas reparaciones; es por eso que tantos de ellos han durado hasta hoy. Los materiales correspondientes variaban de una zona a otra, pero por lo general se cavaba una zanja a lo largo del trazado del camino, que luego se rellenaba con hormigón, piedras y grava. La superficie se pavimentaba o empedraba. Las roturas o baches eran raros, debido a la solidez de los cimientos.

La base de los métodos de la construcción romana fue la ciencia de la topografía. Los topógrafos necesitaban poseer una gran pericia para marcar límites nivelados en tierras escabrosas o montañosas. Cada unidad de ejército contaba con sus propios topógrafos adiestrados; durante el Imperio, el emperador mismo utilizaba un cuerpo de topógrafos. Estos hombres, los *grommatici,* eran enviados para marcar el lugar de nuevas poblaciones, para hacer la división de territorios recientemente conquistados y para supervisar la construcción de obras públicas tales como puentes y acueductos.

Ladrillos y hormigón

Los romanos usaban diversos materiales para sus trabajos de construcción. Cerca de Roma había yacimientos de arcilla roja que los romanos convertían en ladrillos y tejas. Sus ladrillos eran más delgados y pequeños que los que usamos hoy.

Desde Pozzuoli, cerca de Nápoles, llegaba un polvo volcánico que, al mezclarse con cal, formaba un hormigón resistente e impermeable.

Este hormigón se usaba para los cimientos, los muros y las columnas de sostén de los arcos. Como era de color más bien opaco, los romanos decoraban el exterior con ladrillos, lajas, mosaicos o distintas variedades de piedras.

Los edificios públicos importantes como el Coliseo, fueron revestidos con trozos de piedra caliza llamados travertinos, que provenían de las grandes canteras de Tíbur (Tívoli), cerca de Roma.

Los romanos eran también afectos al mármol y otras piedras coloreadas que cortaban en lajas y utilizaban para decorar muros o pavimentos.

Agua

El agua - su obtención y traslado - es un problema para cualquier población o ciudad. Los romanos resolvieron brillantemente ese problema.

Una pequeña casa de baños públicos de un ciudad provinciana. El agua es calentada por medio de un horno subterráneo llamado hipocausto; un esclavo lo mantenía encendido. Los bañistas dejaban sus ropas en un vestuario antes de entrar a los baños cubiertos. Cada habitación tenía una temperatura diferente, la más caliente de todas era la de vapor. En el patio soleado algunos bañistas se untan con aceite de oliva, otros nadan en la piscina al aire libre. Hay pequeñas habitaciones para el masaje y baños privados.

Ninguna ciudad puede existir sin una buena provisión de agua. Los romanos resolvieron ese problema mejor que cualquier otro pueblo y antes que ellos. Al principio, Roma, al igual que otras ciudades, dependía de los manantiales cercanos para obtener agua. Pero a medida que la población crecía, los romanos tuvieron que traer agua desde sitios más lejanos a través de acueductos (canales de agua). Los primeros acueductos fueron construidos en el siglo IV a.C. Eran nada más que zanjas cavadas en el suelo y luego cubiertas. A medida que se necesitó más y más agua, los romanos construyeron acueductos elevados que llevaban el agua desde las colinas que rodean Roma. El agua corría a lo largo de canales de piedra sostenidos por arcos de ladrillo. Hacia fines del siglo I d.C., había nueve acueductos -el más largo de los cuales tenía 80 kilómetros- que distribuían agua a los baños, fuentes y edificios públicos de Roma. Despachaban más de 173 millones de litros por día.

Los acueductos eran muy costosos para construir y mantener. Debido a ello, un ciudadano tenía que pagar un elevado impuesto para tener su casa conectada a la red principal de provisión de agua. Frontino, un senador encargado del abastecimiento de agua en Roma, se quejaba de que algunos ciudadanos sobornaban a los esclavos que cuidaban el sistema de agua para lograr tener su propia provisión privada. Pese a ello, muy pocas casas particulares de Roma tenían agua corriente. La mayoría de los ciudadanos confiaban en

sus esclavos para que fueran a buscar agua a la fuente pública más cercana.

A medida que el Imperio creció, se fueron alzando nuevas poblaciones y agrandándose las antiguas ciudades. La gente se sentía orgullosa de sus pueblos nativos y hacía todo cuanto podía para hermosearlos en lo posible. Un acueducto era señal de la importancia de una ciudad, pero también era muy costoso. Una vez que una población podía permitirse el lujo de tener un acueducto, contrataba a un topógrafo (quizá de un campamento militar próximo) para marcar su curso. Después, uno de los magistrados de la ciudad se encargaba de encontrar un constructor local para que realizara el trabajo. La ciudad tenía que comprar la tierra sobre la que correría el acueducto. Este solía ser, a menudo, el mayor de los gastos.

El acueducto corría desde el manantial de origen en las colinas, hasta la ciudad misma. Había que hacer túneles a través de colinas y montañas; en los valles se tendían puentes con arcos de ladrillo que llevaban el agua por medio de cañerías o canales, en lo alto. Cuando llegaba a los muros de la ciudad, el acueducto volcaba el agua en grandes tanques. Desde allí partían las cañerías hacia los baños y fuentes de la ciudad.

Los baños

Las poblaciones romanas necesitaban una buena provisión de agua, no sólo para beber, sino para los baños, que jugaban un papel importante en la vida romana. Tanto los hombres como las mujeres visi-

taban los baños por lo menos una vez al día; la entrada era barata, y a menudo, gratis. Los baños eran una combinación de piscinas, baños sauna, gimnasio y club social. Solamente en Roma, durante el siglo I d.C. había 170 *termas* y con el paso del tiempo se fueron construyendo más.

Los baños se calentaban con un horno subterráneo, que enviaba aire caliente hacia arriba, a través de conductos en las paredes, cubiertos por mosaicos.

Cerca de la entrada a los baños, estaban los vestuarios donde los bañistas dejaban sus ropas. Luego había una serie de habitaciones calefaccionadas. La de más calor, era la *lacónica* -casi como el cuarto de vapor de un baño turco- de la cual los bañistas salían para nadar en un baño fresco, el *frigidarium*.

Después del baño, los romanos se untaban el cuerpo con aceite de oliva, que luego quitaban raspándose con un estregador curvo de bronce, el *estrígil*.

Rodeando los baños había paseos techados y espacios para deportes tales como los juegos de pelota y atletismo. Muchos baños contaban con tiendas de vinos y comidas -algunas hasta tenían bibliotecas- donde los amigos podían sentarse a conversar sobre los temas del día.

Arriba: El más famoso de los acueductos romanos es el Pont du Gard, cerca de Nimes, en Francia.
Izquierda: El arco de entrada a la Cloaca Máxima, la alcantarilla principal de Roma.
Para ella se construyó un canal en el siglo VI a.C. Más tarde se lo recorrió en bote en toda su extensión para inspeccionar el trabajo de albañilería.
Abajo: En las zonas áridas del Imperio, los romanos utilizaban el tornillo de Arquímedes para elevar el agua de una zanja de irrigación a otra.
Era un tubo en espiral que, al darlo vuelta, llevaba agua de uno a otro extremos. Aquí, un esclavo africano lo mueve con el pie.

Arriba, izquierda: Interior del templo de Diana, en Nimes (Nemausus), una de las ciudades más opulentas de la Galia. Generalmente, los templos romanos eran demasiado pequeños para contener mucha gente. Las ceremonias tenían lugar afuera.
Arriba: El emperador Vespasiano, como sacerdote principal, se prepara para un sacrificio.

Dioses del estado y dioses domésticos

La religión romana era una extraña mezcla donde figuraban dioses domésticos, dioses nacionales y dioses extranjeros provenientes del Imperio.

Júpiter, el rey de los dioses. Esta figura en plata fue hallada con otras en Mâcon, Francia.

Todos los romanos recurrían a sus dioses para protegerse contra los enemigos. A su vez, los dioses recibían un pago en forma de plegarias y sacrificios. La familia de los dioses romanos era muy extensa, en ella se mezclaban los antiguos dioses etruscos e italianos, como Júpiter y Marte, con los nuevos dioses provenientes de Grecia y otros lugares.

Los romanos dividían a sus dioses en dos clases: aquellos que protegían al estado y los que velaban por la familia.

Unos y otros eran igualmente importantes, pero se los adoraba de manera muy diferente.

Los dioses del estado eran reverenciados en grandes ceremonias públicas, dirigidas por funcionarios importantes como cónsules, gobernadores y magistrados. A los dioses domésticos y familiares los veneraba en privado toda la familia, encabezada por el jefe del hogar.

Los dioses máximos del estado eran Júpiter, Juno y Minerva. Júpiter, dios del trueno y soberano del cielo, y su esposa Juno, diosa de la luz y de los nacimientos, eran antiguos dioses itálicos.

Minerva era la diosa de las artes y la sabiduría.

Otros importantes dioses del estado eran Marte, Saturno, Jano y Vesta. Marte hijo de Júpiter y Juno, era el dios de la guerra y padre de Rómulo y Remo.

En muchas leyendas romanas aparece en el campo de batalla, luchando junto a los soldados romanos. A Jano se lo representa con dos caras porque se le concedió el don de ver en lo pasado y en lo porvenir. Era el dios de las entradas y portales, y del comienzo y fin de los viajes. Los portones de su templo en el Foro estaban abiertos en tiempos de guerra y cerrados cuando retornaba la paz. Saturno velaba por la tarea del labriego: cada año, entre el 17 y el 21 de diciembre, se realizaba el gran festival Saturnalia, durante el cual cesaba todo trabajo para dar lugar a festines y diversiones. Todos rogaban por una época mejor en que la igualdad y la libertad prosperara en la Tierra. El templo de Vesta, diosa del fuego, era atendido por las Vírgenes Vestales -seis sacerdotisas elegidas de entre las familias patricias- que entraban al servicio de Vesta a la temprana edad de seis años y allí permanecían durante 30 años. Debían mantener siempre encendido el fuego por creerse que el destino de Roma estaba asociado a él.

En el hogar, los romanos adoraban a unos espíritus llamados *lares* y *penates* de los que se suponía que protegían la casa contra los ladrones y la mala suerte. Cada mañana se rezaban plegarias a los espíritus domésticos dejando junto al hogar algún alimento en honor a Vesta.

Templos y sacrificios

Había en Roma un enorme número de templos, cada uno dedicado a un dios o a una diosa en particular. Allí, los romanos hacían sacrificios a los dioses. El sacrificio era una ofrenda al dios para inclinarlo a conceder una gracia. Quien así demostraba su devoción podía pedir salud, buena suerte en algún arreglo comercial o que algún enemigo fuera castigado. Normalmente, la ofrenda consistía en: pasteles de cereales, harina, sal, miel, frutas, vino, queso o leche. En ocasiones especiales, alguno compraba un pájaro u otro animal para sacrificarlo. Este tipo de sacrificio resultaba muy caro, ya que sólo era digno del dios el más selecto animal del color blanco más puro.

Antes del sacrificio el animal era adornado con guirnaldas, y al ganado vacuno y al ovino se les doraban los cuernos. Luego, al son de flautas, lo llevaban en procesión hasta el altar. Cuando el oficiante del culto terminaba su plegaria, el sacerdote y sus ayudantes mataban al animal. Una vez muerto, se cortaba el cuerpo y un sacerdote especial, llamado *arúspice*, examinaba el hígado. De acuerdo a su forma y detalles, podía decirse si el dios había aceptado el sacrificio.

Luego cocinaban la carne del animal y a comían.

El dios persa Mitras, en el acto de matar un toro. El mitraísmo fue especialmente popular entre los soldados y se extendió rápidamente por todo el Imperio.
Ese culto fue un sólido rival del cristianismo.

LOS CRISTIANOS

A partir de un pequeño grupo de seguidores judíos de Jesús de Nazaret, el cristianismo creció hasta convertirse, al cabo de 350 años, en la religión oficial del imperio romano. Los primitivos cristianos fueron atacados por los gobernantes fariseos, y arrojados de Judea hacia Siria. Bajo la guía de Simón, Pedro y Pablo, la fe cristiana se extendió hacia centros como Antioquía, Efeso, Corinto y hasta Roma misma. En esos lugares, los cristianos -en su mayoría pobres y esclavos- se reunían para comentar "las buenas nuevas" del Evangelio. Para el gobierno romano, estas reuniones eran muy similares a la acción de una sociedad secreta y, una amenaza para el estado. El emperador Nerón acusó públicamente a los cristianos por el gran incendio de Roma del año 64 d.C. Muchos cristianos fueron condenados a muerte; los que quedaron, se vieron obligados a reunirse secretamente en las catacumbas (tumbas subterráneas), en las afueras de la ciudad.

Pese a tan cruel tratamiento, el cristianismo se extendió por todo el Imperio. Durante el siglo II d.C., las numerosas comunidades cristianas se unieron al amparo de dignatarios eclesiásticos: los sacerdotes y los obispos. En el siglo III d.C., los cristianos volvieron a sufrir a manos de los emperadores Decio, Valeriano y Diocleciano. Pero en el año 312 d.C., Constantino el Grande tuvo una visión de la Cruz justamente antes de su gran victoria en el Puente Milvio. De allí en más, Constantino hizo cuanto pudo para sostener al cristianismo. Finalmente, en el año 391 d.C., el emperador Teodosio proclamó al cristianismo como la religión oficial del Imperio. Roma pasó a ser considerada como el centro de la iglesia cristiana.

CULTOS DE MISTERIO

Durante el tiempo de la última República y los comienzos del Imperio, algunas religiones orientales comenzaron a ganar terreno en Italia y pueblos de occidente.

Muchos romanos habían llegado a sentir que sus propios dioses eran algo vago y lejano. Se volvían ansiosamente a los nuevos cultos, tales como el de la diosa Isis de Egipto, del dios Mitras de Persia y de la diosa-madre Cibeles del Asia Menor.

Estas religiones predicaban ceremonias y ritos secretos, que hacían sentir a la gente como perteneciendo a algo extraño y misterioso. Se los denominaba a menudo *cultos de misterio*, porque los conversos tenían que pasar a través de muchas etapas de preparación antes de que se les permitiese aprender el conocimiento secreto o misterio que existe en el corazón de la religión

Figura de un lar.
Los lares eran guardianes de la casa; muchos hogares romanos tenían esas figuras en un pequeño altar.

Vida en las ciudades

Uno de los beneficios de la dominación romana fue la existencia de los pueblos. Por todo el Imperio se fundaron poblaciones.

La vida activa del Imperio estaba centrada alrededor de sus pueblos y ciudades. Cada ciudad tenía sus propias modalidades y costumbres.

Rodeando el mar Mediterráneo y en el Asia Menor había ciudades que databan desde mucho tiempo antes de la conquista romana. Pero en el oeste, en España, Galia, Germania y Britania, los romanos habían levantado sus poblaciones de la nada, un poco como lo hicieron los colonizadores del Oeste norteamericano.

Los primeros poblados que aparecieron en occidente fueron las *colonias*, levantadas y establecidas por ex soldados. La fundación de una *colonia* constituía un acto verdaderamente solemne.

Había que pedir permiso al emperador, y él designaba un grupo de hombres para supervisar la obra. Después, los topógrafos servidores del emperador, proyectaban el trazado del pueblo. En un día especial -en que los fundadores tenían la seguridad de que los dioses les eran propicios- el fundador principal guiaba un arado de bronce arrastrado por bueyes blancos, a lo largo de la línea donde se iban a construir las correspondientes murallas.

Esta antigua costumbre tenía lugar en memoria de la fundación de Roma, cuando el mismo Rómulo, según se supone, marcó

La romana de un comerciante del mercado (balanza de mano), para pesar las provisiones. Las autoridades de Roma establecían pesos y medidas de norma para ser usadas oficialmente en todo el Imperio.

Arriba: Casas y almacenes romanos en Ostia, una antigua ciudad portuaria en la boca del Tíber. En el siglo I d.C. se convirtió en el puerto marítimo principal para Roma, y se enriqueció por el comercio imperial. El piso de mosaico (más abajo) proviene de una de las oficinas navieras que allí existían.

el fundamento de las murallas con un arado.

La colonia se trazaba generalmente en forma de rectángulo. Cada una de las cuatro murallas tenía una verja, desde la que partía un camino principal hasta el centro del pueblo.

En el centro estaba el *Foro*, un espacioso lugar de reuniones al aire libre, rodeado por paseos cubiertos a manera de abrigo contra las condiciones del tiempo. Alrededor del foro había edificios públicos: templos, mercados techados, cámaras de consejo y un gran salón de reuniones llamado *basílica*.

El resto del pueblo se dividía prolijamente en manzanas (ínsulas) separadas por calles laterales, en un esquema a manera de parrilla.

Uno de los edificios más importantes de cualquier pueblo era el de los baños públicos. Los baños eran gratuitos y los ciudadanos se reunían allí diariamente para bañarse en las piscinas de agua fría y caliente, después de lo cual se sentaban a charlar en las tabernas y tiendas de comida junto a los baños.

Una *colonia* romana constituía el mercado principal y el centro comercial del área circundante. Al fundarla, el emperador le concedía tierras más allá de las murallas, con cuyo arrendamiento se pagaban los servicios del pueblo, tales como el mantenimiento de la provisión de agua, reparación de calles, baños y otros edificios públicos. Al igual que en una ciudad moderna, estas gestiones estaban en manos del consejo de la población, el *ordo*, formado en los pueblos romanos por un grupo de vecinos pudientes (*decuriones*).

Cada año, el *ordo* elegía dos magistrados, los *duoviros*, que se ocupaban de la tarea diaria de gobernar.

Vida comercial

La vida de un pueblo romano dependía de sus hombres de negocios. Las poblaciones estaban ordenadamente ubicadas a lo largo de una calle principal o de un río, para facilitar el traslado de mercancías. Los

Arriba: Una biga o carro de carrera de dos caballos. Las carreras entre bigas manejadas por los conductores menos diestros, iniciaban las carreras del día.
Abajo: Un casco de gladiador, de pesado bronce.

LOS JUEGOS

Los romanos eran muy aficionados a los deportes; cuanto más violentos y sangrientos, más aún. De ellos, los más populares eran los *ludi,* juegos oficiales dedicados principalmente a las carreras de carros. Más de 250000 personas cabían en el principal estadio romano, el Circo Máximo. Era una pista ovalada, de arena, de 600 m de largo por 87 m de ancho, rodeada por tres hileras de asientos. Los carros corrían por equipos que se distinguían por sus colores, los azules, los verdes, los rojos y los blancos. Los emperadores, como asimismo sus súbditos, eran partidarios fanáticos de un color u otro: según el resultado de las carreras, se ganaban o perdían verdaderas fortunas.

Los gladiadores (hombres armados con espadas) eran luchadores profesionales obligados a pelear hasta la muerte, para entretenimiento de los espectadores. Estos desdichados eran delincuentes condenados, esclavos vendidos por sus amos a una escuela de gladiadores o ciudadanos arruinados que se vendían para pagar sus deudas.

Al cabo de un año de entrenamiento en la escuela de gladiadores, eran llevados a la arena del Coliseo para luchar y morir. Lo más que podía esperar un gladiador vencido era ser perdonado para luchar otro día: si no había luchado bien, la multitud se señalaba el pecho con el pulgar hacia abajo, como señal para que lo mataran.

El Coliseo, en Roma; fue terminado en el año 80 d.C. Tenía capacidad para 50000 espectadores. Fue escenario de espectáculos verdaderamente salvajes, en los cuales luchaban hombres y animales.

mercaderes tenían sus oficinas en almacenes donde podían acumular sus mercaderías antes de enviarlas a otras partes del Imperio.

Había un gran número de comercios que hacían y vendían las cosas diarias que la gente necesitaba.

Una vez por semana, al menos, se realizaba una feria en el pueblo, a la que los labriegos llevaban sus productos a vender. Todos los días llegaban al mercado frutas y verduras frescas desde las huertas cercanas.

Las provincias

Cada provincia romana tenía su propia forma de vida. Pero de oriente a occidente, todas eran consideradas como romanas.

El mercado de Leptis Magna, un pueblo romano en Libia.

Una mujer de Palmira, en Siria. Su atavío, ricamente alhajado, es una muestra de las vastas riquezas de las provincias orientales.

El imperio romano estaba constituido por muchos países y pueblos: de oriente a occidente, de norte a sur, se producían muchos cambios.

Las costas del Mediterráneo y las costas del sur del Mar Negro compartían igual clima, con veranos secos y calurosos, y templados inviernos.

Pero al norte de los Alpes estaban las húmedas selvas y las tierras pantanosas de Germania, Galia y las lejanas Islas Británicas. Y a lo largo del límite sur del imperio romano en Africa, se extendían las ardientes arenas de los desiertos del Sahara, de Libia y de Arabia.

La única forma en que los romanos podían gobernar sobre un área tan vasta, era respetando las costumbres y tradiciones de cada región.

El oriente

Las provincias orientales de Roma se extendían desde Grecia y Macedonia a través del cercano Oriente, hasta las costas del Mar Rojo. La mayoría de estos territorios eran restos del inmenso imperio griego que había conquistado el ambicioso Alejandro Magno.

Aun bajo el dominio romano mantenían el uso de la lengua y el estilo de vida griegos. Los romanos no encontraron razón para modificar muchas cosas en el este. En realidad, había ciudades como Efeso, más antigua que Roma misma.

Las ciudades de oriente eran las más opulentas del imperio romano. Su riqueza provenía de las mercaderías de lujo que hacían su itinerario por tierra desde el Lejano Oriente, antes de ser despechadas por mar hacia el oeste.

Los romanos dejaban que esas ciudades se gobernaran por sí mismas, de acuerdo a sus propias y antiguas costumbres.

El principal problema para Roma en oriente era el pueblo persa. El emperador Trajano se las ingenió para llevar las fronteras bien adentro de las tierras persas, pero resultaba tan costoso que Adriano dejó que esas conquistas volvieran a pertenecer a los persas.

Otra dificultad residía en la provincia de Judea. Los romanos nunca pudieron entender los profundos sentimientos religiosos de los judíos y los gobernaron muy mal.

Cuando los romanos intentaron introducir sus propios dioses, los judíos se levantaron en rebelión. Un ejército romano, bajo el mando de Tito, recapturó la ciudad santa de los judíos y destruyó el Templo, el más importante de sus santuarios.

Sesenta años después, los judíos se sublevaron. Al cabo de cuatro años los romanos aplastaron la revuelta con tremenda crueldad y Judea dejó de existir. Los judíos pudieron escapar a la esclavitud solamente abandonando sus hogares y huyendo a otras ciudades del Imperio.

Egipto

Egipto estaba en una posición especial, porque desde el tiempo de Augusto era propiedad personal del emperador. La rica cosecha de granos que producía cada año permitía al emperador alimentar al pueblo de Roma, aun cuando los precios fueran elevados.

Esto hacía que el emperador mantuviera su poder y su popularidad durante los tiempos malos.

El dinero que se reunía, proveniente de los agricultores egipcios que soportaban duros impuestos, pasaba al tesoro personal del emperador.

Los romanos no estimulaban a los egipcios a fundar poblaciones, ya que ello hubiera podido arrancar a los campesinos de sus tierras. La única gran ciudad de Egipto era el puerto de Alejandría.

Pero los habitantes de Alejandría eran griegos, no egipcios. Y aun cuando el emperador Caracalla otorgó ciudadanía a todos los miembros del Imperio, dejó al margen a los campesinos egipcios, que siguieron siendo siervos del emperador.

Africa del Norte

El poder romano en Africa del Norte se extendía desde la costa a las montañas y desiertos, donde nadie podía vivir. La tierra era buena para el cultivo de cereales, vides y olivos.

Los romanos y los africanos trabajaron duramente, levantando hermosas ciudades como Timgad (en la actual Argelia) y Leptis Magna (en la actual Libia).

Los emperadores fueron generosos con sus súbditos africanos. Les concedieron dinero para construir acueductos, baños y edificios públicos.

Las ciudades africanas se enriquecieron extraordinariamente.

Los africanos opulentos, orgullosos de sus ciudades nativas, ponían dinero para hacerlas cada vez más hermosas, con espléndidos edificios.

En el sur, el ejército levantó una sólida frontera contra las tribus nómadas. Ex soldados, labriegos de la zona y hombres de las tribus que habían acatado los usos romanos, se establecieron detrás de esa línea. Aún en los siglos IV y V d.C., cuando los bárbaros amenazaban otras áreas en occidente, Africa siguió viviendo rica y en paz.

Galia y las provincias occidentales

El nombre romano dado a las tierras que alguna vez estuvieron dominadas por los celtas, era Galia.

En el sur -la parte de Galia que bordeaba el Mediterráneo- los griegos habían construido poblaciones comerciales mucho antes de que llegaran los romanos.

Una de ellas era Masilia (la actual Marsella). En el norte, por el contrario, los pueblos surgieron solamente después de que Julio César conquistara a los celtas nórdicos.

Los celtas adquirieron muy pronto las costumbres romanas y así fueron levantándose poblaciones importantes alrededor de los campamentos militares. Florecieron la

agricultura, el comercio, la cerámica y la cristalería; las ropas de lana de Galia se cotizaron en poco tiempo tanto como las mercaderías itálicas.

Otra especialidad de la Galia fue el cultivo de las vides. Existían muchos viñedos alrededor de Masilia, en el sur, en el valle de Mosela, en el norte, y en la costa occidental (actual Burdeos).

Aunque César desembarcó en Britania en el año 55 a.C., no fue sino hasta el reinado de Claudio que Roma la conquistó realmente, en el año 43 d.C.

Los celtas británicos no se adaptaron tanto a la vida ciudadana como los galos, pero el plomo, el oro, el hierro, el carbón y el estaño británicos se exportaban a Europa. Los mariscos británicos -ostras y mejillones- constituían un manjar especial para los romanos.

En España, los romanos se apropiaron de una región antes dominada por Cartago. En las montañas del noroeste, las tribus celtas resistieron por muchos años el dominio romano. Los productos más importantes de España eran el oro, la plata y el hierro de sus minas, que eran traficados por comerciantes particulares mediante el trabajo de los esclavos.

Un antílope es embarcado en un navío.
Las provincias, especialmente Africa, eran las que proporcionaban los animales salvajes para los juegos de Roma.

Abajo, izquierda: Teatro romano en Mérida, España.
Los romanos heredan de los griegos su afición al drama; por todo el Imperio se construyeron teatros.

Abajo: Mucho antes de la llegada de los romanos, algunos de los pueblos orientales veneraban a sus gobernantes como a dioses.
Bajo los romanos, esto se continuó en la veneración de los emperadores.
El templo de Adriano, en Efeso, Turquía, es uno de los muchos templos erigidos a los emperadores-dioses.

Los bárbaros

Una batalla entre romanos y bárbaros, labrada en el féretro de piedra de uno de los generales de Marco Aurelio. Fue en tiempos de Aurelio cuando las primeras incursiones de los bárbaros empezaron a ser un peligro para Roma.

Los bárbaros llevaban broches como éste para sujetar sus capas al hombro. Cada tribu tenía sus propios diseños de broches.

La seguridad del Imperio Occidental dependía de mantener alejadas a las tribus del norte, los bárbaros.

Más allá de las fronteras del Imperio, en la Europa oriental y central, vivían los belicosos pueblos germánicos. Los romanos los llamaban "bárbaros" palabra tomada del griego.

De acuerdo a la modalidad romana, los bárbaros eran totalmente incivilizados. No vivían en ciudades, sino que pasaban su vida en correrías guerreras. En su religión cabían los sacrificios humanos. Pero no eran en modo alguno incultos. Tenían su propio sistema de leyes y un tipo de escritura.

Para cantar en sus fiestas, componían largos poemas que hablaban de las hazañas de los grandes guerreros. Y, por sobre todo, eran magníficos herreros y joyeros.

Los bárbaros de Europa provenían de Escandinavia y de los alrededores del Mar Báltico. Comenzaron a trasladarse hacia el sur y el este durante los últimos siglos a.C., lo cual los puso en contacto con el imperio romano.

Julio César derrotó a una tribu, los *suevos*, en el año 58 a.C., y los hizo retroceder a través del Rin.

Augusto trató de alejar las fronteras ro-

manas aún más hacia el este, pero fracasó. Los romanos confiaron entonces en una sólida línea de fuertes a lo largo del Rin y del Danubio, para mantener a los bárbaros a raya. La seguridad del imperio occidental dependía de mantener esta línea. Mientras el Imperio fue fuerte, los romanos no tuvieron dificultad en contener a los bárbaros. Pero hacia fines del siglo IV, el Imperio se había debilitado.

Los bárbaros lo invadieron y el imperio occidental cayó.

Pero romanos y bárbaros no vivieron siempre en guerra. Durante los años de paz comerciaban entre sí. Los romanos podían ofrecer cerámicas, vidrio y plata, que los bárbaros cambiaban gustosamente por ámbar, pieles, ganado y esclavos.

La sociedad bárbara

Los bárbaros no se consideraban a sí mismos como naciones. Estaban divididos en tribus que guerreaban continuamente entre ellas. Estas tribus se desplazaban constantemente, invadiendo cada una el territorio de otra y obligándola a someterse o trasladarse.

Cada tribu estaba regida por un consejo de ancianos, junto con todos aquellos hombres que portaban armas.

Esta asamblea elegía un rey o jefe para dirigir a la tribu en la batalla. La tribu en sí estaba compuesta por un conjunto de familias (parentela). Cada parentela protegía a sus propios miembros. Cuando se agraviaba a uno de sus miembros, toda la parentela juraba vengarlo.

Esto promovía sangrientas contiendas en las que morían familias enteras. Para impedir que ello sucediera, se implantó un sistema de multas: tanto por robo, tanto por una herida y muchísimo más por un asesinato.

Religión

Los bárbaros adoraban a dioses guerreros como Tiw, Woden y Thor. Los nombres de algunos de sus dioses permanecen todavía en los nombres de los días del calendario inglés: Tiw's day (Tuesday = Martes); Woden's day (Wednesday = Miércoles); Thor's day (Thursday = Jueves).

El botín que se capturaba al enemigo era destruído para "matarlo", y luego arrojado a un lago sagrado como ofrenda a los dioses.

Así como había dioses de la guerra, ha-

LOS CELTAS

Durante el s.V. a.C., Britania, Bélgica y Francia estaban habitadas por las tribus celtas. La palabra "celta", proviene de un término griego *keltoi*; los romanos conocían estas tribus como *Galli*, o sea galos. En el s.IV a.C. los celtas avanzaron hacia el sur y el este en busca de nuevos territorios. Muchos se establecieron en el norte de Italia, desde donde atacaron Roma en el año 380 a.C.; otros fueron hacia el este. En la época en que Roma comenzó a ensanchar su límite norte, los pueblos celtas se distribuyeron en una ancha franja desde España y Francia en el oeste hasta Anatolia en el este.

Los celtas eran agricultores y pastores; estaban divididos en tribus guerreras comandadas por un caudillo. Carecían de una lengua escrita, pero trabajaban los metales con excelente habilidad; hacían hermosos broches de oro y plata y armas de hierro. Adoraban dioses de la naturaleza, a quienes imaginaban habitando en bosquecillos sagrados de robles. La religión estaba en manos de una misteriosa clase de sacerdotes, los druidas. Las constantes luchas entre las tribus hicieron fácil a los disciplinados soldados romanos, la tarea de conquistarlos. Entre los años 58 y 51 a.C. Julio César marchó hacia el norte de la Galia y conquistó toda la zona. Los galos se adaptaron bien a la vida bajo el dominio romano; fueron asimilando sus costumbres, aprendían latín y usaban la toga. Los romanos les permitieron tener sus propios gobiernos y ellos se convirtieron en verdaderos aliados.

punta de hierro extremadamente sólido y curvado y mango de madera.

Para la lucha cuerpo a cuerpo, el guerrero usaba su espada. El que hacía espadas era un artesano sumamente estimado. Se suponía que algunas espadas tenían poderes mágicos, resultado de los hechizos introducidos en su interior a golpe de martillo durante el largo proceso de la forja.

Los bárbaros eran guerreros crueles. En la batalla de la selva de Teutoburgo, en el año 9 d.C., terminaron con tres legiones romanas. Confiaban en los ataques violentos y sorpresivos para dispersar a sus enemigos.

Los jefes que los conducían en la batalla llevaban cascos de bronce bruñido para distinguirse entre el resto de los guerreros. Los cascos estaban decorados con símbolos de guerra: jabalíes, águilas, cuervos o lobos. Ellos, según creían los bárbaros, daban a los hombres todo el coraje y la ferocidad de los propios animales.

Gran parte de la riqueza de un jefe celta la constituían unos collares trenzados de oro. Este pertenece a un tesoro encontrado en un campo, al este de Inglaterra.

Los guerreros bárbaros valoraban sus espadas por encima de todos sus bienes. Las espadas solían pasar de padres a hijos. Pero ésta fue enterrada con su dueño, en Noruega.

bía diosas de la fertilidad, de la primavera y de la tierra.

En una ceremonia, la imagen de Nerthus, la madre-tierra, era llevada alrededor de la tribu sobre un carro ornamentado. Al final de la procesión, esclavos condenados lavaban cuidadosamente la imagen en un lago sagrado.

Los bárbaros en guerra

Los guerreros bárbaros luchaban sin armadura. Su única protección era un escudo redondo de madera, cubierto a menudo con cuero. El arma principal consistía en una lanza de madera de fresno con una hoja de hierro en la punta. Otra lanza más pequeña para ser arrojada, el *angón*, tenía un cuello de hierro dúctil que se doblaba cuando la punta chocaba contra el escudo de un enemigo.

Esto significaba que ya no podía volver a ser arrojada. Otra arma de lanzamiento era la *francisca*, un hacha de guerra, con

Esta pequeña figura fue encontrada en la tumba de un guerrero, en Noruega, en el s. III d.C. En su cuerpo se distinguen una runas, o sea caracteres ("letras") hechas con líneas rectas. Los bárbaros usaban las runas para inscripciones y encantamientos.

La caída y el legado

Finalmente, el Imperio creció tanto que ya no podía ser controlado por un solo emperador. Durante un tiempo estuvo dividido. Pero los bárbaros se habían hecho muy fuertes y el Imperio Occidental cayó.

Diocleciano sabía que el Imperio era demasiado grande para ser gobernado por un solo hombre. Dividiéndolo, esperaba lograr dos cosas. En primer lugar, quería asegurarse de que las fronteras estaban bien defendidas. Pero también quería tener la certeza de un pacífico traspaso del poder de un emperador a otro.

Sabía que, en el pasado, las luchas armadas entre rivales en procura del trono, habían debilitado seriamente al Imperio.

De manera que Diocleciano, como emperador (Augusto) de occidente, designó un segundo comandante -un César- que habría de gobernar por un período de veinte años más.

Este sistema dio resultado positivo sólo en parte.

Bien es verdad que sin él, el Imperio hubiera caído mucho más pronto. Pero una y otra vez la rivalidad entre los emperadores encendió la guerra civil.

El soberano más poderoso del siglo IV fue Constantino el Grande, el primer emperador cristiano. Se convirtió en el Augusto de occidente en el año 307 d.C. y trató por todos los medios de que el sistema de Diocleciano funcionara. Pero sus co-gobernantes lo traicionaron.

Constantino los venció y gobernó él solo desde el año 324 hasta su muerte en el 337.

Roma no era ya el centro del Imperio. En su lugar, Constantino creó una nueva gran capital cristiana para el Imperio, Constantinopla, en el asiento de la antigua ciudad de Bizancio. El estado tenía dominio absoluto sobre la vida de toda la gente.

Los súbditos del emperador estaban sujetos a sus ocupaciones, por ley. Los impuestos se hicieron más y más pesados, para poder costear un ejército de mayor número, necesario para defender el Imperio.

Las fronteras sufrían todo el tiempo constantes ataques. En el oeste, los bárbaros se desplazaban a lo largo de las costas, atacando la línea Rin-Danubio. Los sasánidas, un pueblo persa muy guerrero, amenazaban las provincias del este. Los visigodos y los vándalos, arrojados hacia el oeste por otras tribus (los hunos) obligaron a los

Izquierda: Los cuatro Tetrarcas, dos Augustos y dos Césares. Este relieve provino originariamente de Constantinopla, pero desde la época de las cruzadas ha formado parte de la pared de la Catedral de San Marcos, en Venecia, Italia.

Arriba: Las murallas de Constantinopla, construídas en el año 439 para mantener alejados a los bárbaros. Parte de los motivos de la caída del imperio de occidente, fue la afortunada defensa de oriente que obligó a los bárbaros a ir hacia el oeste.

Moneda acuñada con la imagen de Constantino, el primer emperador cristiano.

En 1975 fue hallado
en un campo arado, cerca
de Water Newton,
Huntingdonshire,
un tesoro de objetos
de plata. Algunas piezas,
incluyendo esta
plaqueta, ostentaban
la sigla chi-rho
(un símbolo cristiano
formado por las primeras
letras del nombre
de Cristo, en griego).
Data del siglo IV y es
el más antiguo tesoro
conocido de la religión
cristiana.

"En el principio fue
la palabra...",
es el comienzo del
Evangelio de San Juan,
tomado de los Evangelios
de Lindisfarne
del siglo VI. Los romanos
dejaron un tendal
de palabras tras ellos,
ya que muchas lenguas
europeas están basadas
en el latín.
El latín fue el idioma
de la Iglesia Occidental,
hasta la Reforma,
y permaneció como
la lengua principal
hasta hace
muy poco.

romanos a aceptarlos dentro del Imperio.

Se les permitió establecerse a lo largo del Danubio a cambio de la defensa de la frontera.

Después de la muerte de Constantino, emperadores poderosos como Juliano, Valentiniano y Teodosio intentaron rechazar valientemente los ataques bárbaros. En oriente tuvieron éxito, pero en occidente hubo una serie de jóvenes emperadores débiles que no pudieron sostener lo que los emperadores poderosos habían conquistado.

En el año 395, Alarico, un visigodo que en otro tiempo había sido un capitán romano, tomó las provincias situadas a lo largo del Danubio. Diez años después, invadió Italia y finalmente, en el año 410, capturó Roma.

Durante seis días su ejército saqueó e incendió la ciudad. Después de dos años los visigodos dejaron Italia por la Galia.

En Ravena, emperadores occidentales continuaron dirigiendo su disminuido imperio durante otros 64 años. En el año 476, una nueva ola de invasores, los ostrogodos, irrumpió en Italia y depuso al último emperador occidental, Rómulo Augústulo. Proclamaron rey a su jefe, Odoacro; al joven Rómulo le dieron una pensión y lo enviaron a vivir con su familia en Campania.

El fabuloso imperio occidental llegaba a su fin.

El legado

Por el tiempo del saqueo sufrido por Roma, los vándalos, suevos y alanos irrumpieron a través del Rin medio y limpiaron la Galia antes de establecerse en España y Africa.

En Britania, los anglos, los sajones y los juts desembarcaron en la costa este y fueron desalojando violentamente a los britanos romanizados.

Los britanos hallaron refugio en el oeste, en Cornwall y Gales. Hay quienes creen que las leyendas del Rey Arturo y sus caballeros recuerdan a algún jefe britano de aquel tiempo.

La Europa continental se convirtió en

Derecha: Una de las pocas estatuas romanas que han permanecido en Roma después de la Edad Media es ésta de Marco Aurelio.
Los edificios que están detrás
son del Renacimiento,
época en que la arquitectura
griega y romana eran muy imitadas.

un conjunto de reinos germánicos; algunos independientes, otros sometidos todavía a la autoridad del emperador oriental. Pero aunque el poder de Roma había concluido, su influencia era muy intensa.

Los reyes bárbaros, que tomaron afición a la vida de ciudad, adoptaron lo que quedaba de la ley y del gobierno romanos, y hasta acuñaron monedas con la efigie de los grandes emperadores muertos mucho tiempo antes.

El cristianismo fue una de las huellas más sólidas que quedaron de la civilización romana. Misioneros como San Agustín viajaron a través de Europa para convertir a los bárbaros al cristianismo.

Roma había perdido su capacidad de mando, pero los bárbaros cristianos siguieron considerando a la "ciudad eterna" como el centro del mundo.

En el este, el poder de Roma duró mucho más. Desde Constantinopla, el emperador oriental gobernaba Mesia, Grecia, Macedonia, Tracia y las provincias de Asia hasta Egipto.

La gente opulenta de oriente pagaba tropas para mantener a raya a los persas y los bárbaros. Emperadores poderosos como el gran Justiniano, mantuvieron vigentes los conceptos del gobierno y la ley romanos.

No fue sino hasta el año 673 que los sarracenos, adoradores de Mahoma, invadieron oriente y sitiaron Constantinopla. Aunque la ciudad sobrevivió, su imperio había concluido para siempre.

Glosario

Acueducto: Canal que llevaba agua desde una fuente de origen, tal como un lago, hasta una ciudad o un pueblo. Los acueductos romanos pasaban, generalmente, por lo alto, sobre arcos de ladrillo o piedra.

Africa: La provincia romana de Africa se extendía hacia el oeste, desde Egipto al moderno Marruecos. Sus límites al sur eran los desiertos del Sahara y Libia.

Asia: Provincia romana en el Cercano Oriente, constituída fuera del reino griego de Pérgamo en el año 133 d.C.

Britania: Provincia romana, invadida por César en el año 55 a.C., pero conquistada por primera vez por el emperador Claudio en el año 43 d.C. Hacia el año 80 d.C., los romanos gobernaban en Britania y sur de Escocia. La provincia fue abandonada por Roma en el año 401.

Clientes: Ciudadanos pobres que dependían del favor de un rico. Cada mañana, los *clientes* visitaban a su patrón con la esperanza de recibir un regalo en alimentos o en dinero. La misma Roma tenía *clientes,* esto es, estados independientes que aceptaban el dominio y la protección de Roma.

Constantinopla: Gran ciudad construída por el emperador Constantino como la nueva capital del imperio romano. Mucho antes de esto, la ciudad se llamaba Bizancio; era la que vigilaba la entrada hacia el Mar Negro. En ese lugar se levanta la moderna ciudad de Estambul.

Cónsul: Hasta el fin de la República, los dos cónsules eran las cabezas supremas del estado. Eran elegidos cada año: su tarea consistía en asegurar que se respetaran las leyes y conducir los ejércitos en tiempos de guerra. Bajo los emperadores, el poder de los cónsules decreció, pero el consulado se consideraba aún como un honor supremo.

Dacia: Provincia romana que cubría aproximadamente el área de la moderna Rumania. Dacia fue conquistada finalmente por Trajano en el año 106 d.C.

Dictador: En los comienzos de la República, un dictador era un general designado para regir el estado durante una emergencia. Su cargo duraba solamente seis meses. Mucho más tarde, hombres como Sila y César se llamaron a sí mismos dictadores, pero en realidad sólo como excusa para obligar a los romanos a obedecerlos.

Dinero: Los romanos no tuvieron una moneda propia hasta el siglo III d.C. Hasta entonces, el valor de las cosas se expresaba en términos de ovejas y ganado, tal como podía esperarse de gente campesina. Hacia la época de Augusto, las principales monedas romanas eran los *áureos* de oro, los *denarios* de plata, los *sestercios* de bronce y el *as* de cobre. Sus valores eran los siguientes:

1 áureo = 25 denarios
1 denario = 4 sestercios = 16 ases

Galia: Las provincias romanas dominadas en un tiempo por los celtas (Galli) en el norte de Italia y el oeste de Europa. Estaban divididas en: Galia Cisalpina, al sur de los Alpes y Galia Transalpina hacia el norte (la mayor parte de la Francia actual).

Guardia Pretoriana: Tropas domésticas de los emperadores romanos. Había nueve cohortes -unos 5400 hombres- apostados dentro y en los alrededores de Roma. Eran comandados por dos Prefectos designados por el emperador.

Iliria: Provincia romana, bordeando el Adriático. Cubría el área que corresponde a la moderna Yugoslavia.

Latín: La lengua hablada por los latinos. El surgimiento de Roma hizo del latín la lengua principal de Italia y, más adelante, del Imperio.

Legado: Durante el imperio romano, un legado era un ex-cónsul o ex-pretor enviado por el emperador a gobernar alguna de las provincias bajo su dominio.

EMPERADORES

AC - 27	Augusto	222	Severo Alejandro
DC - 14	Tiberio	235	Maximino
37	Cayo (Calígula)	238	Gordiano I, II, III
41	Claudio	244	Filipo y otros
54	Nerón	249	Decio y otros
68 - 69	Galba	260 - 268	Galieno y otros
69	Otón y Vitelio	268	Claudio II
69	Vespasiano	269	Aureliano y otros
79	Tito	275	Tácito
81	Domiciano	276	Probo
96	Nerva	282	Caro
98	Trajano	283	Carino y Numeriano
117	Adriano		
138	Antonino Pío		
161 - 180	Marco Aurelio		El Imperio se divide en cuatro secciones bajo dos Augustos y dos Césares
180 - 192	Cómodo		
193	Pertinax		
193 - 211	Septimio Severo	284 - 305	*Dioclesiano*
211 - 217	Caracalla	286 - 305	Maximiano
217	Macrinos	293 - 296	Constancio Cloro
218	Heliogábalo		

293 - 311	*Galerio*
305 - 307	Flavio Severo
308 - 324	Licinio
306 - 337	*Constantino I*
(Unico emperador de Oriente y Occidente, 324)	
337 - 340	*Constantino II*
337 - 350	Constante
337 - 361	*Constancio II*
361 - 363	Juliano
363 - 364	Joviano
364 - 375	Valentiniano II
364 - 378	*Valente*
375 - 383	Graciano
375 - 393	Valentiniano II
379 - 395	*Teodosio I*
385 - 388	Máximo
392 - 394	Eugenio
395 - 423	Honorio

Los emperadores orientales, en *bastardilla*

Legión: La legión romana estaba formada por unos 4000 a 6000 soldados de infantería, apoyados por la caballería y tropas de armamento liviano. Estaba dividida en 60 centurias. Augusto dividió el ejército en 28 legiones. Cada legión tenía su propio estandarte, un águila de oro, que llevaba a la batalla.

Magistrado: Uno de los funcionarios elegidos para gobernar Roma durante la República. Los dos *cónsules* eran los magistrados principales. Por debajo de ellos, había dos o más *pretores* que juzgaban los casos legales; dos *cuestores* encargados de las finanzas y dos *ediles* que se ocupaban del cuidado diario de la ciudad. Cada cinco años, dos magistrados muy importantes, los *censores,* eran elegidos para la función de registrar el número exacto de ciudadanos y el monto de los bienes que cada ciudadano poseía. Bajo el emperador, los magistrados romanos perdieron gran parte de su poder.

Prefecto (del latín *Praefectus*): Durante la República un prefecto era un hombre elegido por un magistrado para que fuera su segundo comandante. En el Imperio, en cambio, los prefectos los designaba directamente el emperador mismo. Los prefectos gobernaban sobre Roma, la Guardia Pretoriana y las provincias de ultramar, en nombre del emperador.

Procónsul: Gobernador o comandante militar de una provincia romana.

Provincia (Del latín *Provincia* - zona de comando): Una provincia era territorio conquistado, gobernado para el pueblo romano por un magistrado.

Senado: Consejo de unos 300 ciudadanos importantes. Legalmente, su tarea consistía en asesorar a los cónsules; de hecho, durante mucho tiempo el Senado gobernó prácticamente sobre Roma, pero Julio César debilitó su poder; bajo el Imperio, el Senado se convirtió cada vez más en un títere del emperador.

Termas: Baños públicos de los antiguos romanos. Este nombre que en un principio se daba sólo a los baños de agua caliente se extendió durante el Imperio a los suntuosos establecimientos cuyas ruinas aún subsisten en gran número.

Toga: Los ciudadanos romanos usaban una amplia vestidura circular de lana drapeada y plegada. Había varios tipos de toga: la *toga praetexta,* por ejemplo, tenía una ancha banda púrpura alrededor del dobladillo. La usaban los magistrados superiores.

Tribunos: Representantes del pueblo romano. Los primeros tribunos fueron elegidos en el año 490 a.C.

Tribus Itálicas: Antes del surgimiento de Roma, Italia estaba dividida en tribus poderosas, cada una con su propia lengua. Los romanos en sí, eran latinos; otras tribus eran los umbrios, los samnitas y los oscos.

Vándalos: Pueblo germano que en el año 406 d.C. invadió la Galia, para establecerse finalmente en España. Desde allí, en el año 429, una poderosa fuerza invadió Africa, estableciendo un reino vándalo.

Vía romana: Se trazaba siguiendo la línea más directa de un punto a otro con una forma medio abombada para facilitar el desagüe. Los peatones utilizaban unas aceras enlosadas y los jinetes iban por el centro.

Virgilio Publius Vergilius Maro (70-19 a.C.): Fue el más grande de todos los poetas romanos. Su poema épico ''La Eneida'' cuenta la historia de Eneas, un troyano que abandonó la ciudad de Troya en llamas, para fundar una gran ciudad nueva en occidente. Esta ciudad, Lavinia, en Italia, es la cuna de los latinos.

LOS DIOSES DE ROMA

Júpiter: Rey de todos los dioses; también gobernaba el tiempo.

Neptuno: Hermano de Júpiter y dios del mar.

Juno: Esposa de Júpiter. Ella y Minerva compartían el templo de Júpiter en el Capitolio.

Minerva: Diosa de la sabiduría y del arte.

Marte: Dios de la guerra. Se decía que era el padre de Rómulo.

Venus: Diosa del amor.

Diana: Diosa de la Luna y la pureza. Era una cazadora que ambulaba por las selvas con su séquito.

Apolo: Dios de la música, las artes y la justicia, también era el dispensador de plagas y enfermedades.

Mercurio: Mensajero de los dioses llevaba casco y sandalias con alas. Era también el dios del comercio pacífico.

Baco: Dios del vino. Parte del rito de su adoración eran las tumultuosas orgías.

Lares y Penates: Dioses del hogar doméstico. Los penates cuidaban de la despensa y los lares de la casa.

Vesta: Diosa de los fogones y del fuego. Se la adoraba igualmente en la casa y en el templo.

Saturno: Dios de la agricultura y de las pesas y medidas. Era un dios taciturno, casi siniestro, pero sus festividades eran época de desbordante alegría.

El trío del Capitolio: Júpiter, Juno y Minerva. Compartían un templo en el Capitolio.

Indice

Las palabras y los números en **negra** indican una mayor información sobre el tema. Los números en *bastardilla* remiten a ilustraciones.